Do-In

Técnica oriental de auto-massagem

GROUND

livros para uma nova consciência

Do-In

Técnica oriental de auto-massagem

Jacques de Langre

Traduzido e suplementado por
Juracy Campos L. Cançado

36ª edição / 1ª reimpressão
São Paulo / 2017

EDITORA GROUND

Compilado do original norte americano *The First Book of Do-In*

Tradução/Suplementação: Juracy Campos L. Cançado
Produção: Mário Márcio de Castro
Juracy Campos L. Cançado
Luiz Caldeira de Andrada
Fotos: Eustáquio Soares
Modelos: Livia Lopes Cançado
Graça de Castro
Ilustrações p.p. 21, 62 e 63: Luiz Caldeira de Andrada
Editoração: Antonieta Canelas

CIP-BRASIL. CATALOGAÇÃO-NA-FONTE
SINDICATO NACIONAL DOS EDITORES DE LIVROS, RJ

I274d
36.ed.

Langre, Jacques de
Do-in : técnica oriental de auto-massagem / Jacques de Langre; traduzido e suplementado por Juracy Campos L. Cançado. - 37. ed. - São Paulo: Ground, 2014.

Título original: The First Book of Do-In
ISBN: 85-7187-066-7

1. Acupressura. 2. Massagens.
I. Cançado, Juracy Campos L. (Juracy Campos Lopes). II. Título.

06-0313 CDD 615.822
CDU 615.822

Vendas e distribuição:
Editora Aquariana Ltda.
Rua Hélade, 125 G - Jd. Brasil
04634-000 São Paulo - SP
Tels.: (011)5031-1500 / (011)3571-4655
vendas@aquariana.com.br
www.ground.com.br

sumário

prefácio

QUANDO JACQUES DE LANGRE escreveu sobre o Do-In, ele o fez para uma parcela de americanos já bem familiarizada com o pensamento oriental. Assim, o original *The First Book of Do-In* — um livro sintético de 32 páginas — apresentava simplesmente e de maneira objetiva, as instruções necessárias para a prática da auto-massagem.

Com a incumbência de editar esta obra, preocupámonos não apenas em transmitir o Do-In em si mas também o conceito de palavras como "Ki", "meridiano", "triplo aquecedor" etc., além de informações adicionais de classificação dos meridianos, dos ciclos de circulação da energia no corpo e outros tópicos que julgamos essenciais para uma melhor compreensão da técnica pelo público brasileiro.

Dessa forma, autorizados pelo autor, optamos por uma adaptação suplementada, buscando dar nossa parcela de contribuição para o desenvolvimento desta quase esquecida ciência milenar. Não obstante, evitamos que o livro se tornasse volumoso, pois é de suma importância que sua leitura seja simples, rápida e prática, e que seu custo permaneça acessível a todas as pessoas que se interessam por medicina preventiva.

A solução foi-nos sugerida, na ocasião, pelo diretor do Instituto Brasileiro de Yoga, prof. De Rose, que nos convidou a instalar em sua sede um curso com paralelos de extensão do livro: teoria, prática, histórico, alimentação e filosofia. Foi o primeiro curso da América Latina. As centenas de pessoas que nos escreveram de outros Estados e do exterior, atestam o real interesse despertado pela prática do Do-In. Os convites para os cursos que pudemos aceitar foram ministrados em São Paulo, Belo Horizonte, Curitiba, Juiz de Fora, Niterói, Santos, Brasília, Recife, Fortaleza e Porto Alegre, principalmente em instituições macrobióticas e yogues, onde o público já apresentava um bom nível de conhecimento e manifestava sua disposição em aperfeiçoar-se, manter sua saúde física e aumentar suas potencialidades interiores.

Paralelamente, os constantes pedidos de novas informações levaram-nos à elaboração de mapas com a localização anatômica dos meridianos e pontos energéticos chineses e ao lançamento dos livros "Do-In, Livro dos Primeiros Socorros", vols. I e II, de caráter sintomático, com instruções para o tratamento imediato de sintomas diversos e alívio rápido de dores, e "Do-In para Crianças", um estudo profundo e didático, desenvolvido durante vários anos com muito carinho.

Esta edição apresenta ainda algumas modificações no que se refere aos capítulos "Diagnose e Tratamento Específico" e "Pontos de Primeiros Socorros", que foram totalmente reestruturados com base em nossa própria experiência e em pesquisas desenvolvidas nos grandes centros de cultura natural.

Neste momento crítico em que a humanidade se prepara para ingressar em uma Nova Era, o conhecimento de técnicas naturais que possibilitem uma maior harmonia com o movimento universal torna-se, cada vez mais, uma questão de sobrevivência para o homem moderno. Nossa meta é despertar no homem a consciência de potencialidades latentes, reflexos da habilidade que distinguia os povos antigos: a arte de curar a si mesmo.

Juracy Cançado

apresentação

A MEDICINA CHINESA levou muito tempo para transpor suas muralhas rumo ao Ocidente, mas ao chegar mostrou que nada ficava a dever às dádivas que no passado esta cultura nos legou: a bússola, a seda, o papel, a pólvora etc.

A própria classe médica ocidental já germina uma nova concepção psicossomática de enfermidade, uma outra atitude em relação ao paciente. Hoje, acredita-se que não são apenas os conceitos fisiológicos e anatômicos que pautam a terapia, como era a opinião dos doutos acadêmicos do Século das Luzes, em que tudo se explicava através de um materialismo grosseiro. Atualmente, o materialismo científico já se sutilizou e procura-se curar uma úlcera, asma ou alergia, através do psiquismo. É pois o melhor momento para apresentarmos as técnicas diretamente alicerçadas na filosofia médica sino-nipônica.

Vejamos o que o ocidental, trilhando caminhos distintos, conseguiu concluir:

Em 1893, na Inglaterra, Henry Head mostra ao mundo as "zonas de Head": curiosos pontos na pele situados longe do órgão afetado, que ao serem massageados causam alívio imediato.

Em 1950, o médico inglês Louis Moss anuncia as "zonas críticas": pontos na pele que ao serem massageados curam rapidamente o reumatismo.

Nessa época eclode no Brasil um grande interesse pela Letargia, técnica que produz estados semelhantes aos da hipnose clássica, sem recorrer à indução hipnótica, com toques precisos em determinadas áreas do corpo.

Na década de 1960 surge o fritzgeraldismo nos Estados Unidos ou Anestesia Local Inibitiva, descoberta pelo dr. Willyam Fritzgerald, que consiste na analgesia de uma ou mais partes do corpo através da compressão de determinada região.

Os pontos identificados pelos ocidentais equivalem aos pontos chineses de entrada de energia no corpo humano.

No mesmo período, o eletrotécnico russo Semvon Davidovich Kirlian, num campo de alta freqüência, consegue o retrato das linhas energéticas do seu corpo, fato que provocou um grande impacto no mundo científico na década de 1970. O dr. Gaikin, cirurgião de Leningrado, ao observar as fotos de Kirlian notou a coincidência entre as linhas energéticas e os meridianos chineses. Os meridianos são os canais condutores da energia captada pelos pontos energéticos e nas fotos de Kirlian apareciam nas cores vermelho e azul. Os meridianos chineses e as linhas energéticas fotografadas apresentam exatamente a mesma localização, as cores vermelhas indicam o princípio Yang dominante e as cores azuis, o Yin dominante.

O físico Victor Adamenko, ao estudar as conclusões de Gaikin, fez experiências inserindo agulhas nos pontos de captação de energia que vibravam intensamente no momento em que a pessoa recebia o estímulo telepático. Hoje já existe um aparelho eletrônico denominado tobiscópio, capaz de localizar os pontos chineses com a precisão de um décimo de milímetro. Esses efeitos são amplamente explicados pela energia "Ki" da medicina chinesa, pelo "prana" dos yoguis, "energia ódica" de Reinchenbach, "energia orgânica" do psicanalista Wilhelm Reich, "energia radiante" dos americanos e "arane" dos franceses. Trata-se de uma energia eletromagnética de caráter universal que existe em todas as coisas e de maneira especial em todos os organismos vivos ou em certas fontes como o sol. Sua atuação se processa através da polarização Yin-Yang, negativo-positivo que se manifestam pela intera-tuação, produzindo o equilíbrio a que Aristóteles se referia ao declarar: "a saúde está entre o calor e o frio".

A boa saúde de uma pessoa reside na perfeita captação de energia "Ki", na exata proporção de seus componentes Yin e Yang. A doença sobrevém quando o equilíbrio se desfaz e o organismo perde suas defesas contra a invasão de vírus e outros agentes externos.

É necessário, então, ativar os pontos receptores dos meri-dianos para restabelecer o fluxo energético alterado. Uma vez reposto o equilíbrio, o corpo readquire sua paz cósmica refletida como saúde. O Do-In é o processo pelo qual o indivíduo consegue esses resultados, em si mesmo, através de uma acupuntura sem agulhas, ao massagear seus próprios centros de captação, armazenamento e distribuição energética.

O Do-In foi "descoberto" pelos ocidentais em meados da década de 1960. Seu uso, no início, limitou-se ao meio macrobiótico, uma vez que é complemento importante de sua dieta. Seu estudo e codificação por Jacques de Langre e a posterior publicação de seu livro (esgotado pouco após o lançamento) de utilidade ampla e imediata, e de técnicas simples e suaves, popularizaram sua prática.

agradecimentos

Grandes filosofias não existem sem grandes colaboradores que façam jus à obra que apóiam. Nossa mais profunda gratidão é dirigida àqueles que muito contribuiram para a introdução do Do-In e sua definitiva reputação de sobriedade: Breno Fischer Jr., Maura Lopes Cançado, Cleber Teixeira, Jessel dos Santos, prof. De Rose e Marco Aurélio Ramos.

Após anos de trabalho e muitas edições de Do-In, sentimos uma grande satisfação em poder agradecer às inúmeras pessoas que alimentaram esta semente e a fizeram crescer: prof. Tomio Kikushi, Ana Luiza da Associação Macrobiótica de São Paulo, Wanda Mianna, D. Rosa (Shin-Sekai), Arthur Moura, Laércio e Guida Fernandes, Luiz C. Maciel, Didado, Felipe e Regina Azambuja, Pedro Baliu, Bárbara Ann, Beta Aldeia, Adolfo e Márcio Bontempo, Luiz Andrada, Ivanildo Cruz da Associação Macrobiótica de Pernambuco, Perudah Neves da Associação Macrobiótica de Porto Alegre, Orfília Ricci, Castor, Anna Mehoudar, Henrique Eidler, Wanderley Lopes e todo o pessoal do J.O.U., Aparecida Lessa. E ainda, João Batista, Fefeu, Kal, Elder, Netuno, Cláudio, Fred, Selma, Paulinho, Zeca, Regina, Bid, Drope, Márcia Malagolli Barreto e todos os amigos que nos apoiaram com sua presença.

J.C.

introdução

DO-IN

NA REMOTA PRÉ-HISTÓRIA, os primeiros raios de sol acordaram o homem de seu sono e a manhã presenciou o cerimonial do seu despertar. O primeiro animal pensante sentou-se e esfregou vigorosamente as mãos, o rosto, os pés e o corpo num ritual instintivo de aquecimento e preparação para a vida. A finalidade dessa auto-massagem (Do-In) era o de abreviar a fase intermediária entre o "estado de inércia" (sono) e a "atividade consciente". A prática do Do-In deu ao homem primitivo a habilidade para enfrentar as atividades e lutas diárias com mente clara, disposição aguçada, perfeito funcionamento do organismo, total energia e alegria. Embora faltem dados arqueológicos, presume-se que o Do-In tenha se desenvolvido na China há cerca de cinco mil anos, durante o reinado de Huang Ti, o lendário Imperador Amarelo, considerado o pai da acupuntura e o formulador dos fundamentos de toda a medicina chinesa.

Hoje, o Do-In é não só auto-massagem como também diagnose e rápida cura do corpo praticada por aqueles que desejam operar grandes transformações dentro de si e lutam para se manter em harmonia com a natureza.

A prática do Do-In é indispensável para todos aqueles que desejam aprimorar suas funções orgânicas e em especial aos que dispendem muito talento ou energia em suas atividades.

O DIAGNÓSTICO

O Do-In é utilizado como uma auto-diagnose matinal que põe termo às pequenas doenças antes que elas se transformem em grandes problemas. Esse *check-up* diário serve de orientação para um planejamento das atividades do dia, do consumo de alimentos e mesmo como um guia de conduta. Dessa maneira o Do-In cria e mantém a saúde, a harmonia, a vitalidade, a paz e a felicidade por dentro e por fora.

AS VIBRAÇÕES

Quem conhece e pratica o Do-In elimina todas as doenças antes mesmo que elas se iniciem. As atividades físicas e mentais são produzidas por vibrações que se originam fora do nosso corpo. As de origem finita, constantemente recebidas por todos, são as cores que vemos, os odores que sentimos, os alimentos que ingerimos. São as vibrações da terra e do ar, que recebemos através da pele em geral, mas especialmente por meio das palmas das mãos e solas dos pés.

As vibrações originárias do "infinito", no entanto, apesar de sua existência universal, não são captadas por todos igualmente, já que muitos receptores humanos estão defeituosos. As vibrações mais altas do infinito compõem a intuição e o pré-conhecimento e formam o nosso julgamento.

O Do-In coloca corpo e mente em harmonia com o movimento do universo, reparando nossos receptores e antenas. Como a nossa agudeza intelectual depende do recebimento da proporção certa de vibrações finitas e infinitas, precisamos manter os receptores de vibrações do cérebro e do sistema nervoso em perfeitas condições de funcionamento. ESSA É A FUNÇÃO PRECÍPUA DO DO-IN.

MERIDIANOS: CANAIS CONDUTORES DE ENERGIA

As séries de fricções, leves "pancadas" e suaves massagens demonstradas neste método prático ultrapassam os simples exercícios físicos.

O homem utiliza o meio ambiente como fonte de energia e estimulação mental. Além do ar, luz e comida que ele absorve, existem vibrações mais altas do cosmo, notadamente a energia eletromagnética "Ki", captada pelo corpo através dos seus vários pontos de pressão. Esses pontos, localizados profundamente na pele, têm estrutura em espiral e determinam os canais ou "meridianos" que distribuem a energia eletromagnética pelo corpo. Nos organismos saudáveis existe uma livre e desimpedida circulação de "Ki", força magnética vital, de órgão para órgão, através dos meridianos.

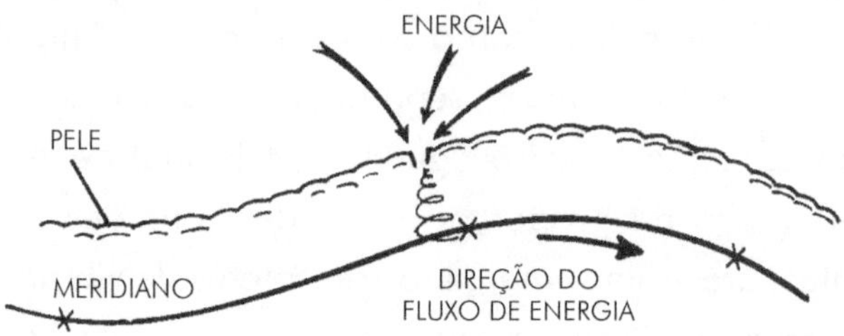

A existência desses meridianos e sua relação com os pontos de pressão são conhecidos pela medicina tradicional há milhares de anos. A medicina ocidental moderna e a embriologia afirmam que a pele e os nervos do embrião se desenvolvem da mesma maneira que as células: existem pontos no octoderma (camada externa do embrião) que em nove meses se transformam em pele e no sistema nervoso. Esses pontos estão diretamente conectados a outros no endoderma (camada interna do embrião) que darão origem aos órgãos. Um estímulo no meridiano ou em seus pontos principais provoca um impacto definitivo nos órgãos associados.

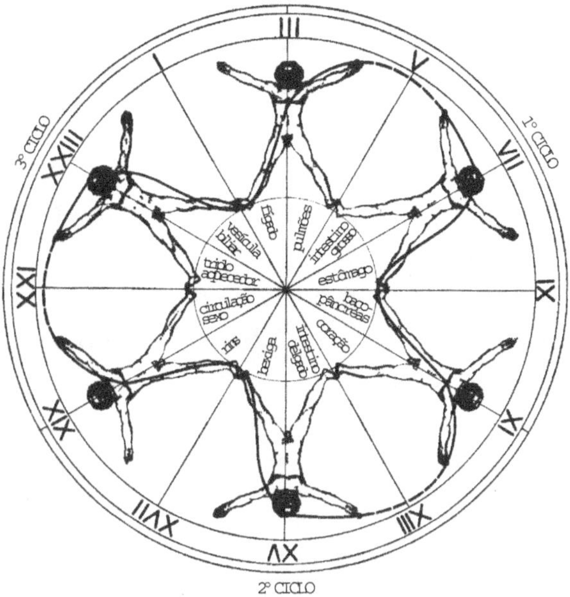

O RELÓGIO CÓSMICO

O fluxo contínuo da energia "Ki" pelo corpo transporta a pulsação da vida como uma correnteza ao longo dos meridianos. Os 12 meridianos principais descrevem um percurso sempre constante, circulando três vezes ao redor do corpo: "o circuito começa no peito com o Meridiano dos Pulmões, que termina nas mãos onde começa o Meridiano do Intestino Grosso, que vai até à cabeça onde se liga ao Meridiano do Estômago, que no seu terminal, na região dos pés, comunica-se com o Meridiano do Baço-Pâncreas, que se dirige de volta ao peito, completando o primeiro ciclo do percurso." Este circuito completo do corpo é depois reproduzido pelos Meridianos do Coração, Intestino Delgado, Bexiga e Rins — e finalmente o terceiro e último ciclo se completa com os Meridianos da Circulação-Sexo, Triplo Aquecedor, Vesícula Biliar e Fígado, que ao terminar no peito fecha o circuito ligando-se ao Meridiano dos Pulmões.

A energia vital percorre todo esse circuito dentro de um ritmo horário que se inicia às 3 horas da manhã no Meridiano dos Pulmões. Dessa forma, em 24 horas, cada um dos 12 meridianos principais tem um período de duas horas durante as quais sua atividade atinge o clímax. Este é o melhor horário para se tratar o meridiano.

Apesar de os órgãos internos terem sua própria circulação de energia "Ki", é através dos meridianos que eles ficam em contato com o meio ambiente externo. Se conhecermos os pontos-chave onde se possa provocar uma assimilação ou troca de energia, conseguiremos restabelecer o fluxo energético quando o funcionamento de algum órgão não estiver normal.

Os meridianos são pares e simétricos, exceção feita ao Vaso da Concepção e do Sistema Nervoso que passam pelo centro do corpo.

FUNÇÃO DIAGNÓSTICA DO DO-IN

Quando um órgão funciona mal, os pontos ao longo do seu meridiano correspondente tornam-se doloridos e enrijecidos antes mesmo que o próprio órgão se manifeste. A rede de meridianos, que se ramifica logo abaixo da pele, é na verdade parte integrante do mecanismo de controle e dos meios de defesa que regulam o corpo.

A energia "Ki" está sempre presente em todos os organismos vivos, mas geralmente e de modo particular no habitante sedentário das grandes cidades — sua circulação é inapropriada: um congestionamento em um dos pontos provoca aí um excesso e uma correspondente deficiência de energia no restante do curso do meridiano.

Normalmente, um ponto de pressão é dolorido ou sensível ao tato, ou dói espontaneamente quando a energia é excessiva. A massagem do Do-In libera e acalma essa energia, quando congestionada, ou ativa-a no caso de deficiência. Uma rápida consulta ao Quadro para Curas Específicas (ver pp. 76 e 77) nos informará de imediato a origem do problema e como curá-lo.

O CONTROLE DA ENERGIA

1 — Quando existe excesso de energia em um meridiano, é necessário controlá-la provocando sua dispersão através do meridiano mais próximo. Se isso não for feito, essa energia, tal como a água estagnada, torna-se poluída. "A QUANTIDADE MODIFICA A QUALIDADE". Acalmando a energia bloqueada, permitimos que ela circule novamente através do corpo, possibilitando ao órgão correspondente normalizar sua atividade. Consegue-se facilmente liberar a energia "Ki" congestionada pela massagem ou pressão profunda e contínua da polpa dos polegares. A energia, até então estagnada, circulará livremente.

2 — Quando existe deficiência do fluxo energético de um meridiano, é necessário tonificá-lo para produzir um afluxo de energia. Essa tonificação é obtida aplicando-

se pressões superficiais rápidas, leves e repetidas, utilizando-se as pontas dos dedos ao invés da polpa dos polegares.

É importante observar que as massagens e exercícios do Do-In poderão aparentemente agravar as condições do órgão por um breve período. Trata-se de uma ocorrência temporária e sem qualquer perigo. Seu aparecimento é, na realidade, um sintoma positivo da reação do organismo demonstrando que o processo de cura está em andamento.

UMA ANATOMIA DIFERENTE

Devido à leis muito rígidas na sociedade chinesa antiga, era vedado ao médico não só a dissecação de cadáveres como o derramamento de sangue. Isso explica o alto grau de desenvolvimento da "medicina sem sangue" característica da sua cultura, assim como a importância das massagens na sua terapêutica. Essas proibições acarretaram uma série de falsos conceitos sobre a anatomia do corpo humano.

A medicina oriental tradicional, conseqüentemente, baseou seus princípios nas funções do corpo humano em vez de no órgão propriamente dito. Por essa razão os livros antigos admitiam dois órgãos que na realidade não existem.

O "vaso da concepção" e o "triplo aquecedor". A grosso modo poderíamos dizer que são respectivamente os órgãos encarregados da concepção e do sistema linfático. Mas a explicação oriental é bem mais complexa.

Embora esses órgãos não existam de fato — e isso é de pouca ou nenhuma importância para a medicina tradicional do Oriente — não se podem negar as doenças a eles atribuídas. E a experiência mostra que as massagens nos pontos dos seus meridianos específicos são realmente eficazes. E é isso o que realmente importa.

OS MERIDANOS E OS ÓRGÃOS

Todas as partes do corpo são abrangidas por um total de 59 meridianos que conduzem o incessante fluxo de energia "Ki" pelo organismo. Desses, apenas 14 meridianos são considerados importantes: 12 meridianos principais que se reproduzem nos dois lados do corpo, diretamente associados aos 12 órgãos primários, e 2 meridianos extra que correm pelo centro do corpo.

Nas páginas 86 a 92 deste manual encontram-se, separadamente, os 14 meridianos e seus respectivos pontos de pressão utilizados pelo Do-In. Os pontos são designados pela inicial do meridiano e o número de sua localização.

MERIDIANOS PRINCIPAIS	SÍMBOLO
1 - Pulmões	P
2 - Intestino Grosso	IG
3 - Estômago	E
4 - Baço-Pâncreas	BP
5 - Coração	C
6 - Intestino Delgado	ID
7 - Bexiga	B
8 - Rins	R
9 - Circulação-Sexo	CS
10 - Triplo Aquecedor	TA
11 - Vesícula Biliar	VB
12 - Fígado	F

MERIDIANOS EXTRA	SÍMBOLO
13 - Vaso da Concepção	VC
14 - Sistema Nervoso	SN

Os 45 meridianos restantes são ramificações dos meridianos principais ou servem como veículos de comunicação entre os diversos canais condutores de energia. Não possuindo seus próprios pontos de pressão eles ampliam o campo de ação dos meridianos principais e são classificados como subordinados ao meridiano com o qual têm maior afinidade.

os exercícios

NAS PÁGINAS SEGUINTES o leitor encontrará uma série de exercícios e massagens de caráter geral. Sua realização deve ser feita preferencialmente pela manhã, logo após o despertar, podendo ser repetida ao entardecer para aliviar as tensões e o cansaço do dia. Não se tratando de exercícios de cura específica, dispensam a constatação prévia de um possível excesso ou deficiência de energia. O efeito tonificador ou o calmante são conseguidos automaticamente, seja qual for o caso. É necessário apenas manipular os pontos indicados sem se preocupar com a natureza do problema, uma vez que o meridiano saturado suprirá o insuficiente, eliminando bloqueios e fazendo a energia vital fluir livremente através do organismo.

O tempo médio de duração da série é de aproximadamente 20 minutos, variando conforme as necessidades e disponibilidade de tempo de cada um. Isoladamente, os exercícios poderão ser repetidos sempre que necessário, sem qualquer preocupação quanto à ordem ou ao número de vezes.

É importante mencionar que o Do-In pode e deve ser complementado com outras técnicas como o Yoga, Aikido,

Expressão Corporal, Tai Chi Ch'uan, Rei-Do, Meditação ou qualquer prática que objetive uma maior integração com a natureza e um maior conhecimento de si mesmo. A experimentação e a constatação das necessidades e reações do próprio organismo são condições essenciais para o desenvolvimento pessoal do Do-In.

1

SAUDAÇÃO AO SOL

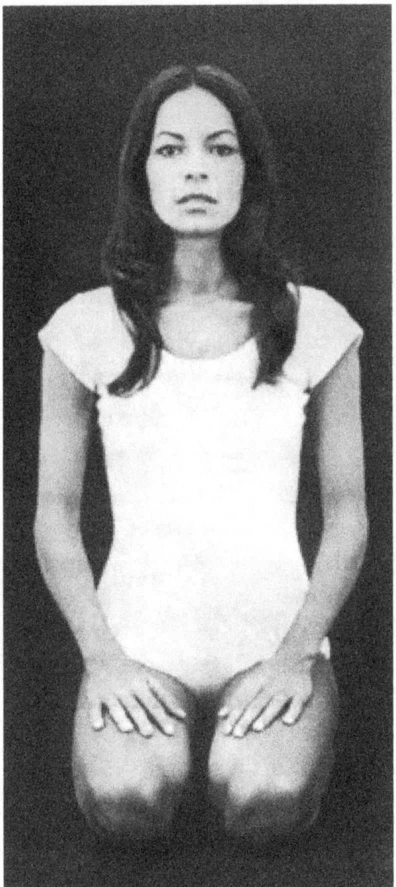

Este exercício inicial, criado intuitivamente pelo homem primitivo como um ritual matinal de saudação ao sol, nossa principal fonte de energia, é praticado com o objetivo de proporcionar uma sensação de relaxamento e flexibilidade por todo o dia.

Ajoelhado, sente-se levemente nos calcanhares com a coluna reta mas sem tensão, queixo levemente inclinado e as mãos descansando sobre as coxas. Sentir-se desconfortável nessa posição é indicação de que o organismo está muito expandido (obesidade) ou de que há enrijecimento das juntas, causado por excesso de sal na alimentação.

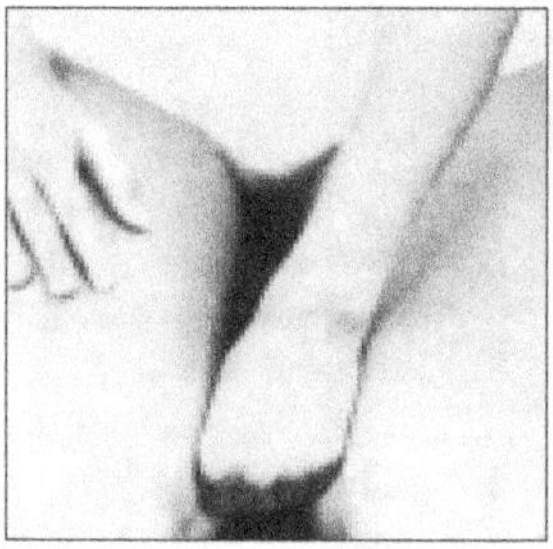

Separando os joelhos à distância de um punho fechado, inicie a saudação.

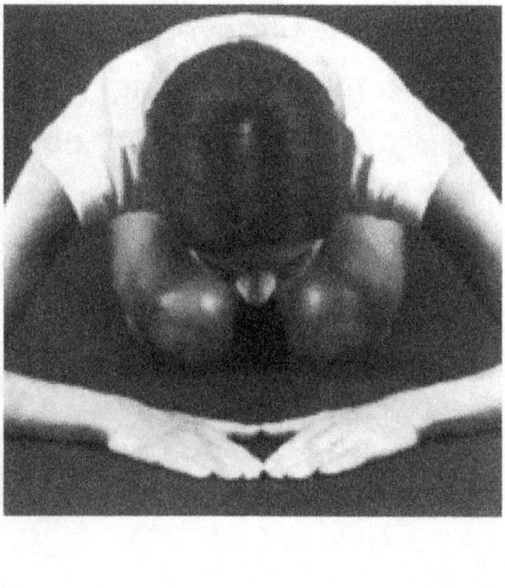

Com as mãos abertas no chão, deslize-as para a frente até que os polegares e indicadores se encontrem formando um triângulo.

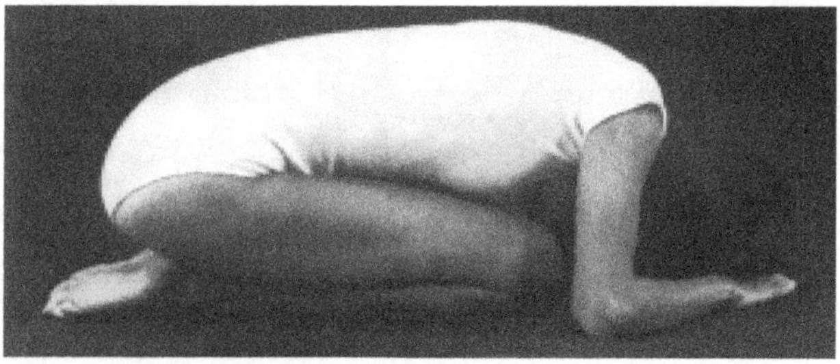

Expelindo completamente o ar dos pulmões, curve-se até colocar a testa nesse triângulo. Permaneça nessa posição o tempo que for possível.

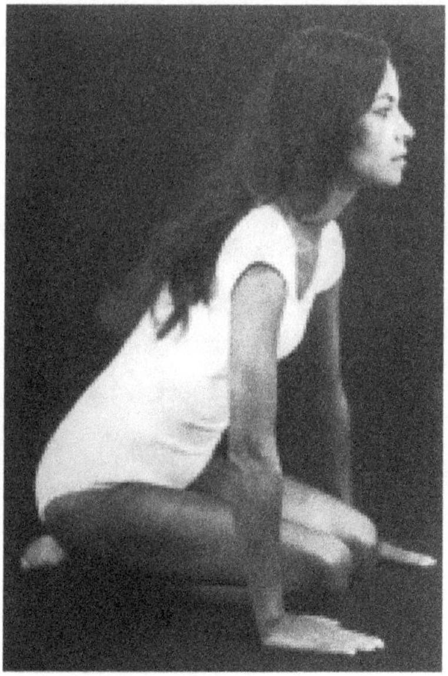

Volte à posição inicial, enquanto inspira profundamente.

Repita o exercício vagarosamente algumas vezes.

NOTA: A respiração abdominal lenta e profunda é o complemento essencial do Do-In. O ritmo apropriado da inspiração-expiração e sua sincronização com os exercícios irão se manifestar naturalmente à medida que o praticante vai adquirindo maior intimidade com o seu organismo.

2

As mãos são os "instrumentos" do Do-In. Devem, portanto ser preparadas para serem usadas. Friccione uma na outra ativamente, para a frente e para trás, fazendo circular o sangue e trazendo a energia eletromagnética "Ki" para a ponta dos dedos. Essa energia é essencial para a massagem. Por essa razão, o exercício deverá ser repetido várias vezes no decorrer da série.

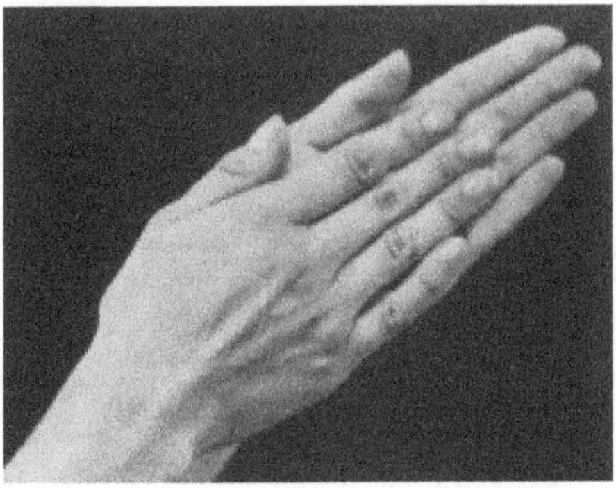

A prática deste exercício harmoniza, tonificando ou acalmando, os Meridianos do Pulmão, Circulação-Sexo e Coração. Não se trata de simples coincidência a semelhança desse exercício com o gesto mímico instintivo de otimismo e esperança.

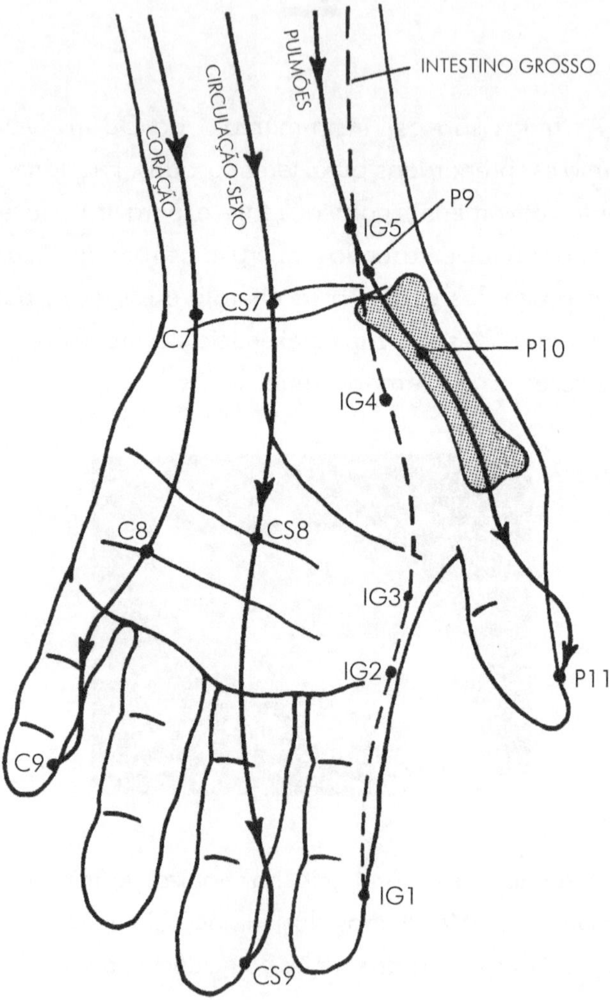
PULMÕES
INTESTINO GROSSO
CIRCULAÇÃO-SEXO
CORAÇÃO
P9
IG5
CS7
C7
P10
IG4
CS8
C8
IG3
IG2
P11
C9
IG1
CS9

3

Um valioso *check-up* é feito testando-se a flexibilidade das juntas dos dedos. De mãos unidas, dedos abertos, separe as palmas das mãos de modo a formar um ângulo reto entre elas e os dedos.

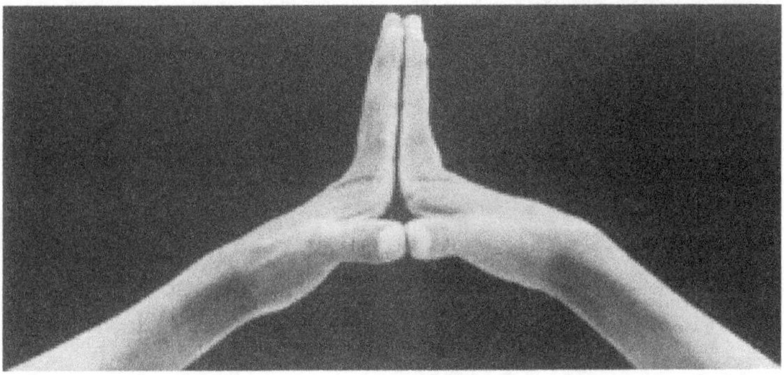

O teste será positivo se o exercício for realizado sem dor.

4

Outra maneira de testar a boa forma das articulações é engatar os dedos pelas costas, dobrando o braço esquerdo por trás e passando o direito sobre o ombro (vice-versa para os canhotos).

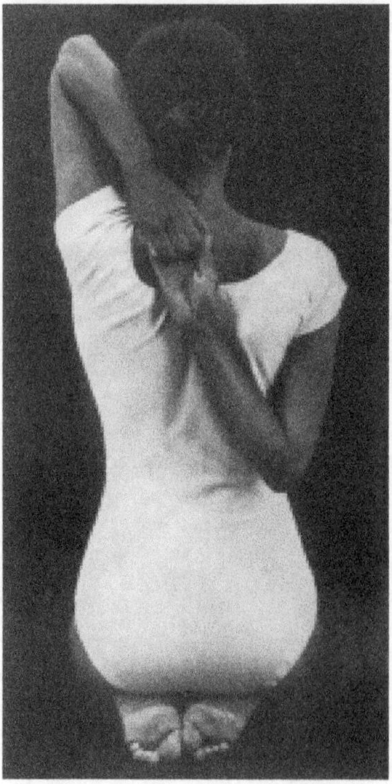

Nessa posição, movimente-se para a frente e para trás, a princípio lentamente, pouco a pouco passando a um movimento vigoroso (se os ombros não doerem). Estimula os Meridianos do Coração, dos Pulmões, da Vesícula e do Intestino Delgado.

5

Os Meridianos dos Pulmões, Coração e Circulação-Sexo são estimulados por leves pancadas, usando apenas o peso do punho com o pulso bem flexível, em toda a extensão do lado interior do braço, do ombro até o pulso.

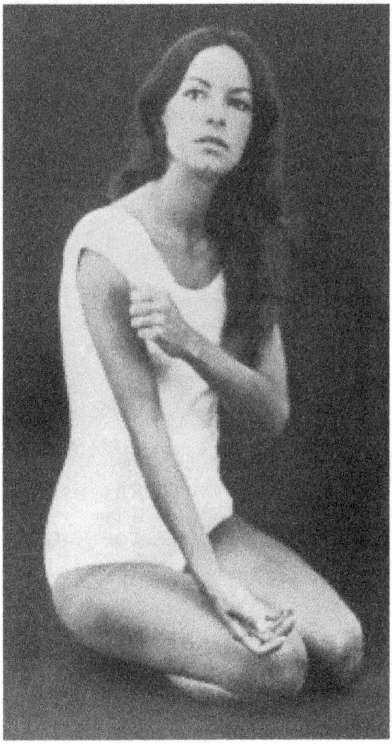

6

Os pontos de pressão mais importantes estão localizados em volta do pulso. A massagem nessa região beneficia todos os meridianos que passam pelo braço: Pulmões, Intestinos Grosso e Delgado, Triplo Aquecedor, Coração e Circulação-Sexo.

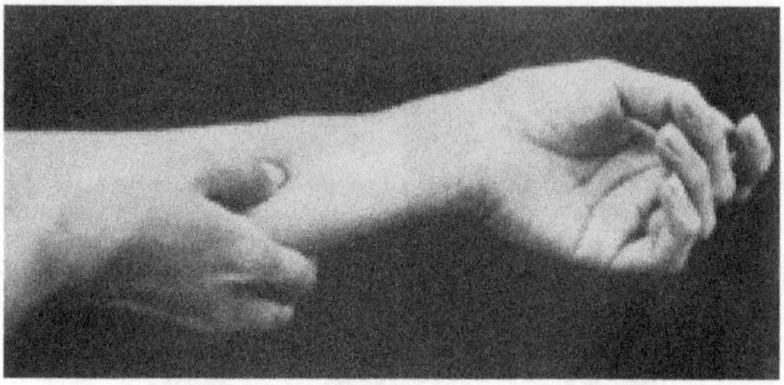

7

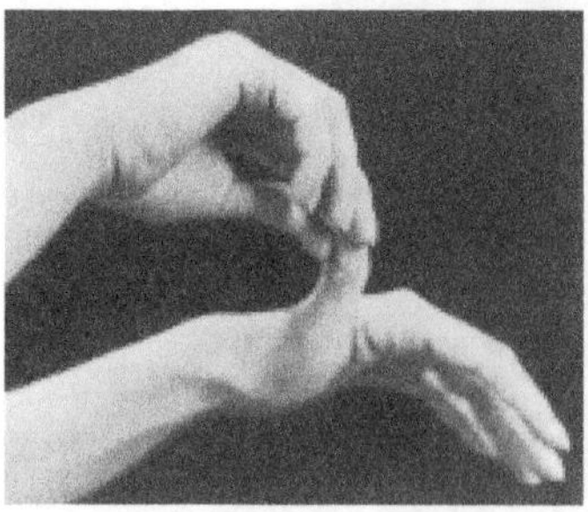

Rode todos os dedos da mão, ajuda a estimular os terminais dos meridianos que passam pelo braço. É no seu ponto final que o meridiano "troca sua polaridade", fluindo sua energia através do meridiano vizinho ascendente.

8

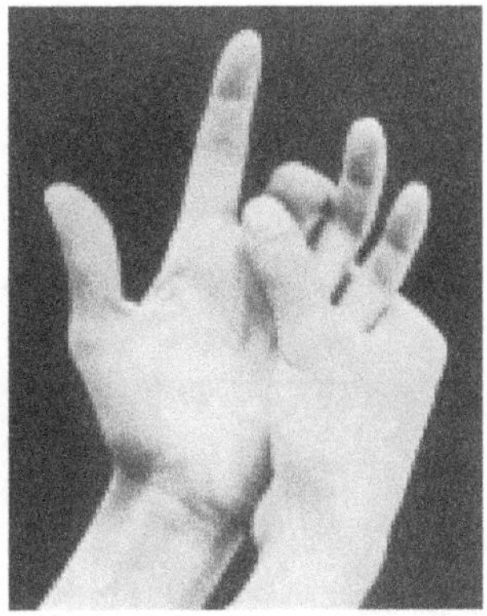

Dobre cada dedo e estale-o em duas juntas diferentes, isso permitirá que a energia vital se acumule nas juntas e jorre mais vigorosamente assim que a pressão cesse.

9

Faça um V com dois dedos da mão e force com eles os dedos da outra mão, até que estes formem um ângulo de 90° com as costas da mão. Se não conseguir, é sinal de que suas juntas estão duras. Se formarem um ângulo maior, é sinal de fraqueza de vontade.

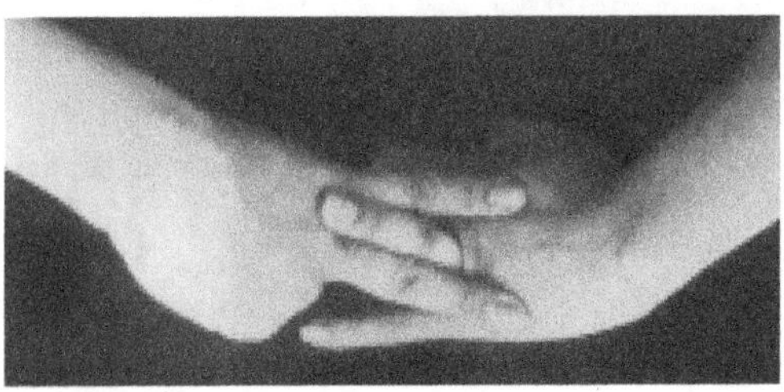

10

O ponto IG4 (intestino grosso) localizado na região carnosa entre o polegar e o indicador não deve doer quando pressionado. Se no seu *check-up* diário o encontrar sensível, é indicação de que o cólon está debilitado.

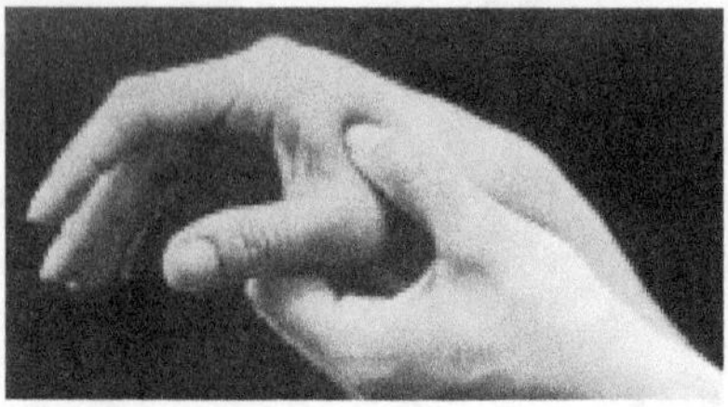

Para curá-lo, massageie esse ponto profundamente até que a carne se torne flexível.

11

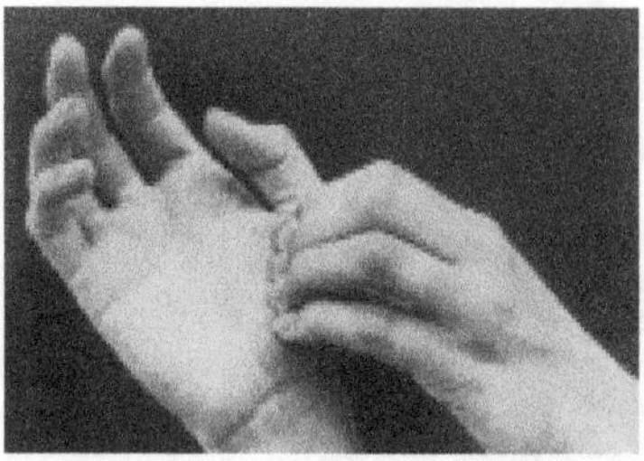

Na parte interna da mão, próximo ao polegar, encontram-se os pontos P9 e P10 (pulmões). Seu estímulo com o auxílio dos quatro dedos da outra mão ocasiona uma livre oxigenação das funções respiratória e digestiva. Não esqueça os outros pontos do meridiano localizados logo acima do pulso.

12

A massagem do ponto C8 do Meridiano do Coração é importantíssima para o tratamento desse órgão.

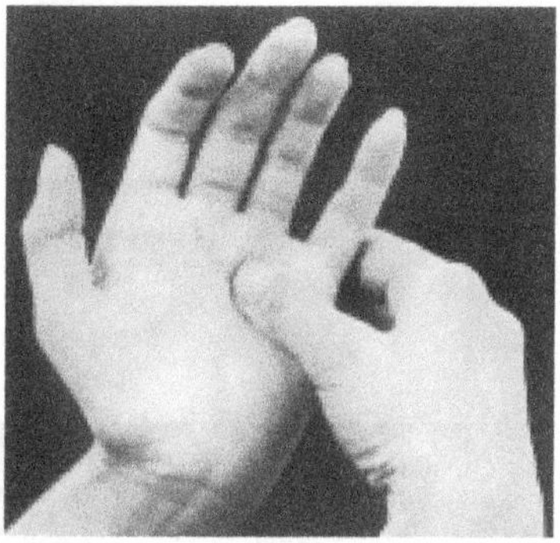

NOTA: Repita o exercício 2 durante a prática do Do-In para reforçar o poder curativo.

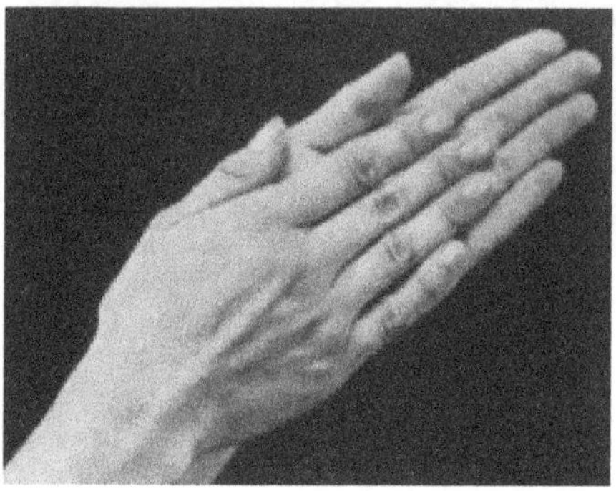

13

Belisque ou aperte os lados da unha do dedo mínimo, isso beneficia o coração e transfere a energia "Ki" para o meridiano vizinho (Intestino Delgado) com maior rapidez. Para salvar a vida de uma pessoa que estiver sofrendo um ataque do coração, aperte esse ponto fortemente no ritmo das batidas normais do órgão. Trate as duas mãos simultaneamente.

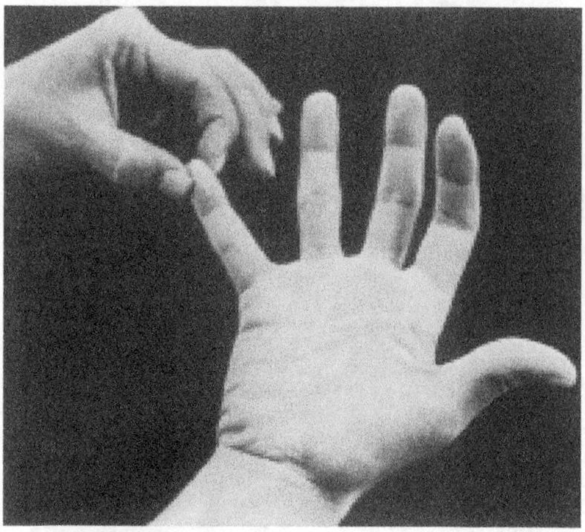

14

Esfregue vigorosamente as mãos nas bochechas, para cima e para baixo, para estimular os Meridianos do Estômago e do Intestino Delgado.

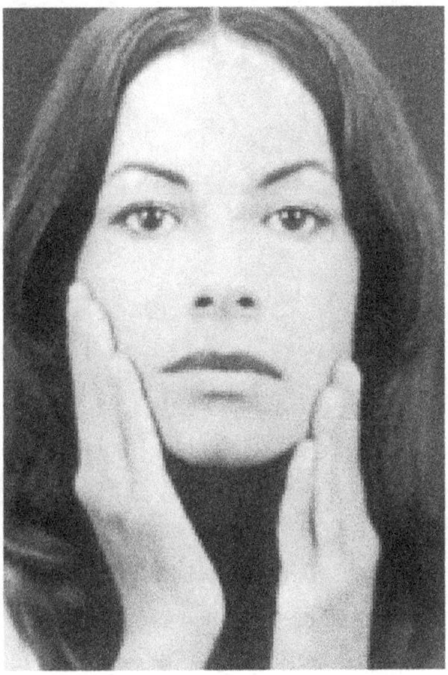

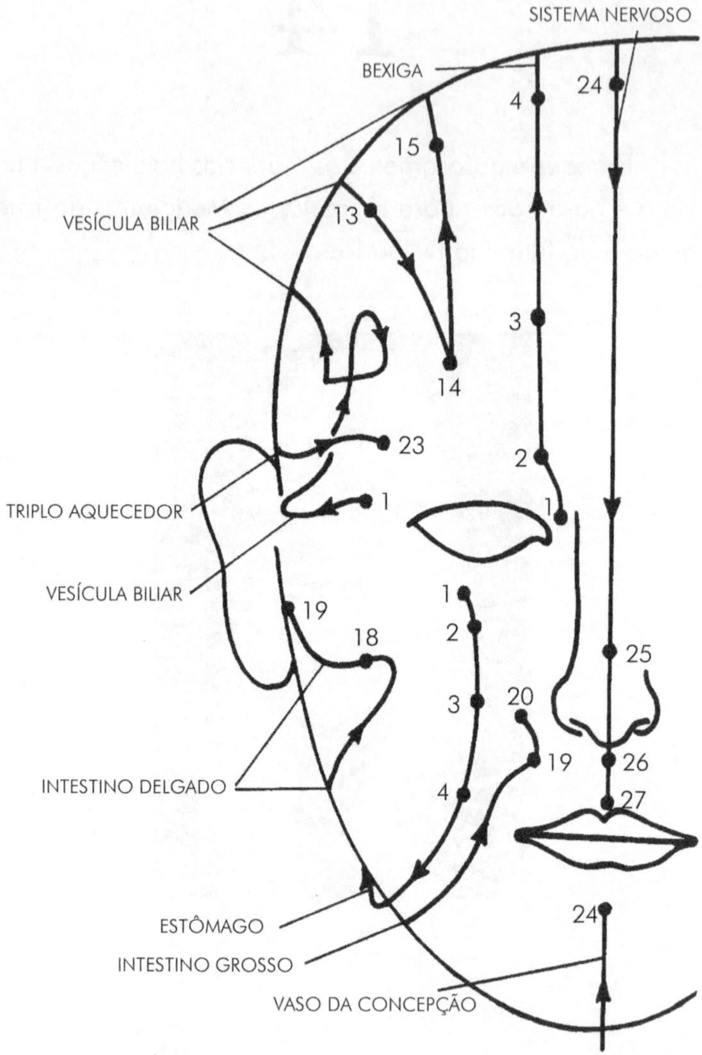
SISTEMA NERVOSO
BEXIGA
24
4
15
VESÍCULA BILIAR
13
3
14
23
2
TRIPLO AQUECEDOR
1
1
VESÍCULA BILIAR
1
19
2
18
25
3
20
19
26
INTESTINO DELGADO
4
27
24
ESTÔMAGO
INTESTINO GROSSO
VASO DA CONCEPÇÃO

15

Logo abaixo dos olhos começa o Meridiano do Estômago e, em cada lado da parte superior do nariz, o da Vesícula Biliar. Pelo centro do nariz passa o Meridiano do Sistema Nervoso. Para estimulá-los, massageie as maçãs do rosto e os lados do nariz com uma fricção enérgica.

16

Com as pontas dos indicadores, pressione os lados do nariz em toda sua extensão. Esse exercício alivia a congestão nasal e expele o excesso de líquido naquela região.

17

As gengivas, ponto final do Meridiano do Vaso da Concepção, são beneficiadas com uma massagem externa profunda. Isso estimulará também os pontos E3 e 4 (estômago), o IG19 e 20 (intestino grosso) e o terminal do Meridiano do Sistema Nervoso.

A

B

18

Gire a cabeça várias vezes formando um ângulo de 180°. Deixe a boca entreaberta e relaxada. Se aparecer saliva depois de alguns movimentos, é sinal de excesso de líquido no organismo.

19

Pressione fortemente com os polegares a parte inferior do queixo. Se a região se apresentar dolorosa ou enrijecida, é necessário massageá-la profundamente e comer menos. Essa massagem previne a formação do queixo duplo.

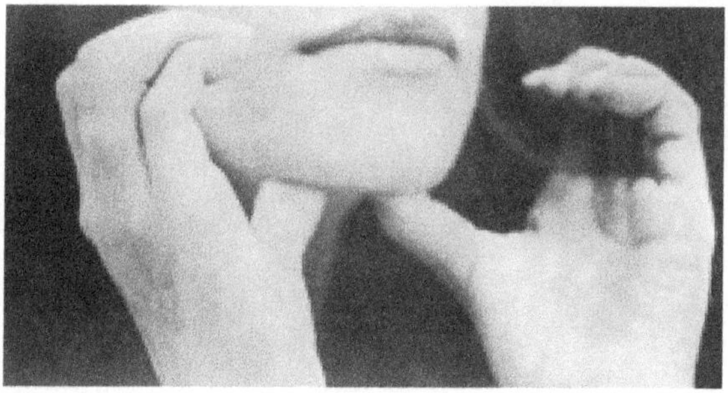

20

A carótida alimenta a glândula tireóide, localizada na base do pescoço.

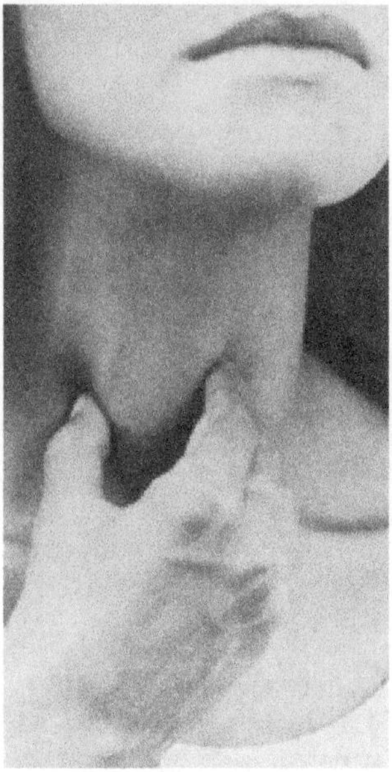

Pressione leve e rapidamente cada lado do esôfago em toda sua extensão de cima para baixo, para estimular a produção de hormônios e obter uma pele saudável e aveludada.

21

Puxe grandes punhados de cabelo repetida e vigorosamente, não deverá causar dor e sim estimular os Meridianos da Bexiga e da Vesícula Biliar. Recomenda-se o exercício para os casos de ressaca e indigestão.

22

Com o polegar e o indicador, belisque diversas vezes a parte mais fina e superior do nariz compreendida entre os olhos, para estimular o cérebro, a bexiga e o vaso da concepção. É recomendável para deficiência sexual.

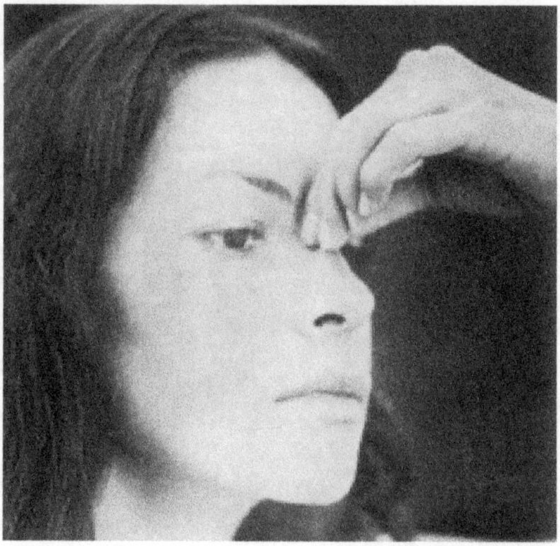

23

As orelhas são as "antenas" exteriores do nosso corpo. Por elas recebemos as vibrações eletromagnéticas do infinito. Para ativar esses receptores, puxe o corpo para cima pelas orelhas. Da mesma maneira, puxe os lóbulos para baixo para criar alegria e serenidade.

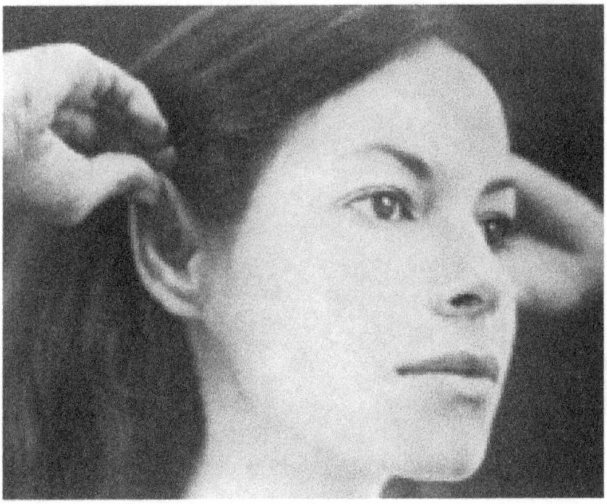

24

Bata nas orelhas para a frente, dobrando-as de encontro à cabeça, isso irá produzir um ruído rítmico no interior do ouvido, estimulando assim a vesícula biliar, o triplo aquecedor, o estômago e os rins.

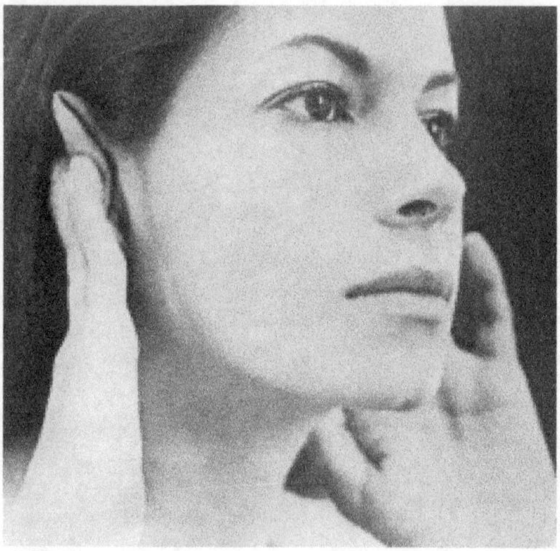

25

Com os dedos bem fechados, como pequenos martelos, bata no topo da cabeça levemente, estimulando os Meridianos da Bexiga, da Vesícula Biliar e do Triplo Aquecedor, localizados acima das orelhas. É um bom tratamento para problemas intestinais.

"KI" — ORIGEM DA VIDA

"A origem do caminho da vida (Tao), do nascimento e da mudança é o Ki; todas as miríades de coisas do céu e da terra obedecem a esta lei. O Ki da periferia envolve o céu e a terra e o Ki no interior ativa-os. A fonte de onde o sol, a lua e as estrelas obtêm sua luz; o trovão, a chuva, o vento e as nuvens as suas essências, e as miríades de coisas como seu nascimento, crescimento, colheita e fartura: tudo isso é produzido pelo Ki. O fenômeno da vida está na completa dependência desse Ki."

— Zhangshi Leijing

"O que havia no céu, no começo era o Ki; na terra ele se faz visível pela forma; o Ki e a forma interatuam, dando nascimento a todas as coisas existentes."

— Su Wen

Para a vida se tornar possível a unidade teve de transformar-se em dualidade: surgiu a idéia dos complementos contraditórios Yin e Yang, as duas expressões do "Ki", fontes da concepção de vida dos orientais. Quando o Yin e o Yang estão em equilíbrio no corpo o organismo harmoniza-se com o movimento do universo.

26

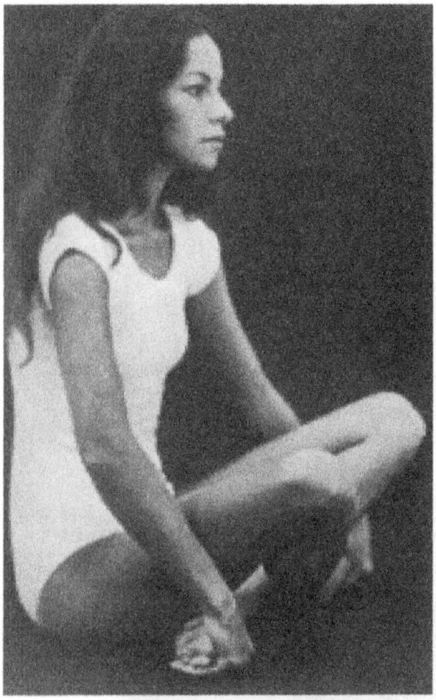

Sente na posição de "lótus" do yoga, segure os dedos dos pés com as mãos e projete o corpo para trás e para a frente, imitando o movimento de uma cadeira de balanço. Esse exercício estimula o Meridiano da Bexiga.

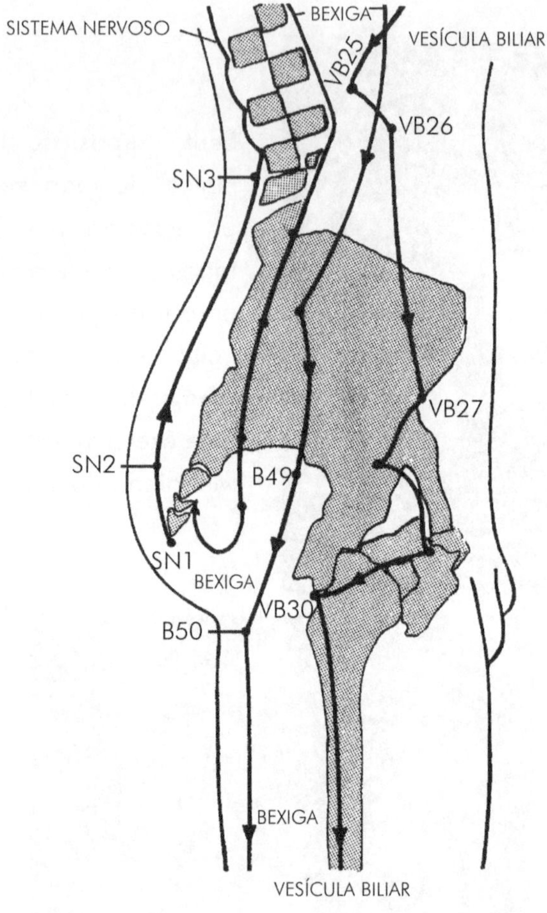
SISTEMA NERVOSO
BEXIGA
VESÍCULA BILIAR
VB25
VB26
SN3
VB27
SN2
B49
SN1
BEXIGA
VB30
B50
BEXIGA
VESÍCULA BILIAR

27

Os Meridianos do Sistema Nervoso, da Bexiga e da Vesícula Biliar estão situados ao longo das costas e dos quadris. Com os dedos fechados, martele toda essa região.

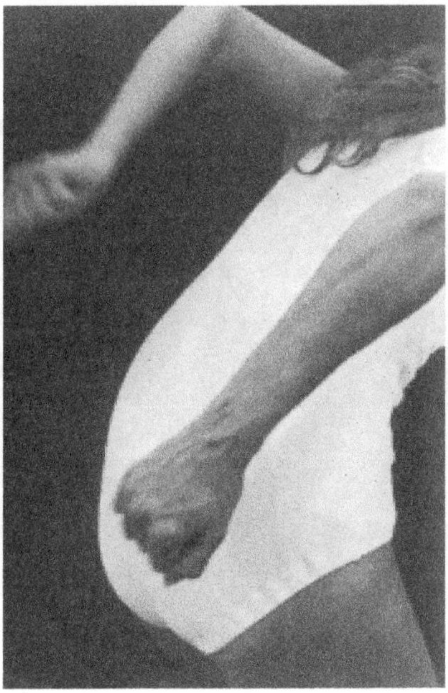

28

Penetre os dedos profundamente por baixo da caixa torácica, estimulando o fígado, à direita, e o baço à esquerda. Se tiver dificuldade, ou se isso ocasionar dores, é sintoma de inchação do fígado, provocada por excesso alimentar ou de bebidas alcoólicas.

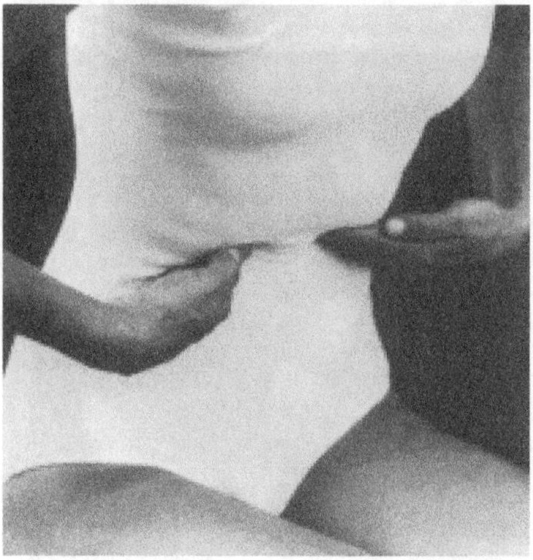

29

Os Meridianos do Fígado e do Baço situam-se abaixo das axilas, no peito e na região do estômago. Com as palmas das mãos, esfregue ativamente os lados da caixa torácica para tonificar esses órgãos.

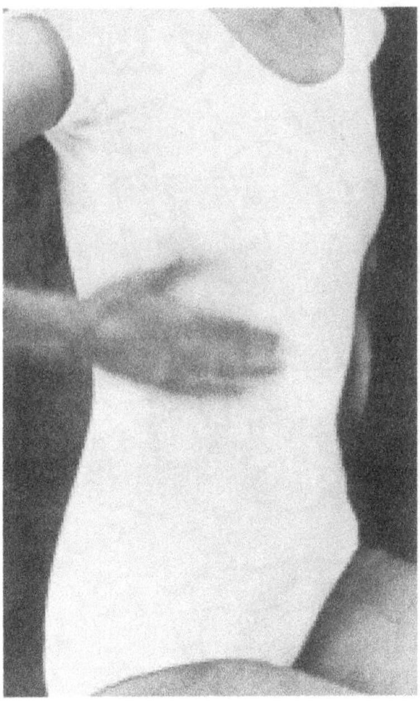

PÉ DIREITO

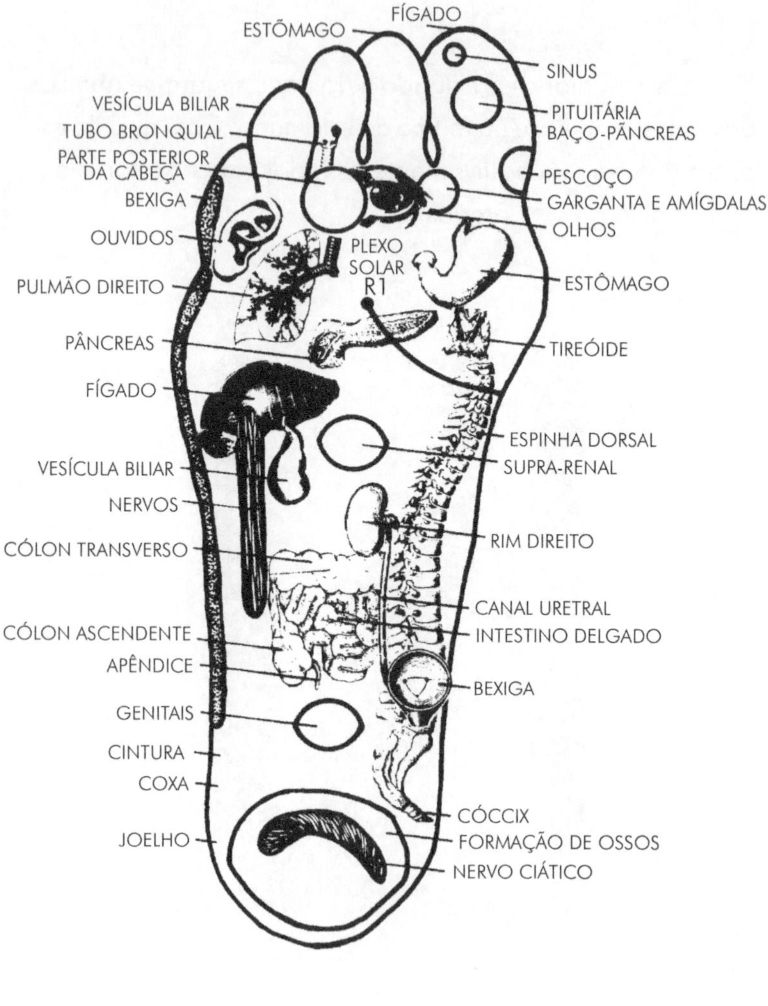

ESTÔMAGO
FÍGADO
SINUS
VESÍCULA BILIAR
TUBO BRONQUIAL
PITUITÁRIA
BAÇO-PÂNCREAS
PARTE POSTERIOR DA CABEÇA
PESCOÇO
BEXIGA
GARGANTA E AMÍGDALAS
OLHOS
OUVIDOS
PLEXO SOLAR R1
PULMÃO DIREITO
ESTÔMAGO
PÂNCREAS
TIREÓIDE
FÍGADO
ESPINHA DORSAL
SUPRA-RENAL
VESÍCULA BILIAR
NERVOS
RIM DIREITO
CÓLON TRANSVERSO
CANAL URETRAL
CÓLON ASCENDENTE
INTESTINO DELGADO
APÊNDICE
BEXIGA
GENITAIS
CINTURA
COXA
CÓCCIX
JOELHO
FORMAÇÃO DE OSSOS
NERVO CIÁTICO

PÉ ESQUERDO

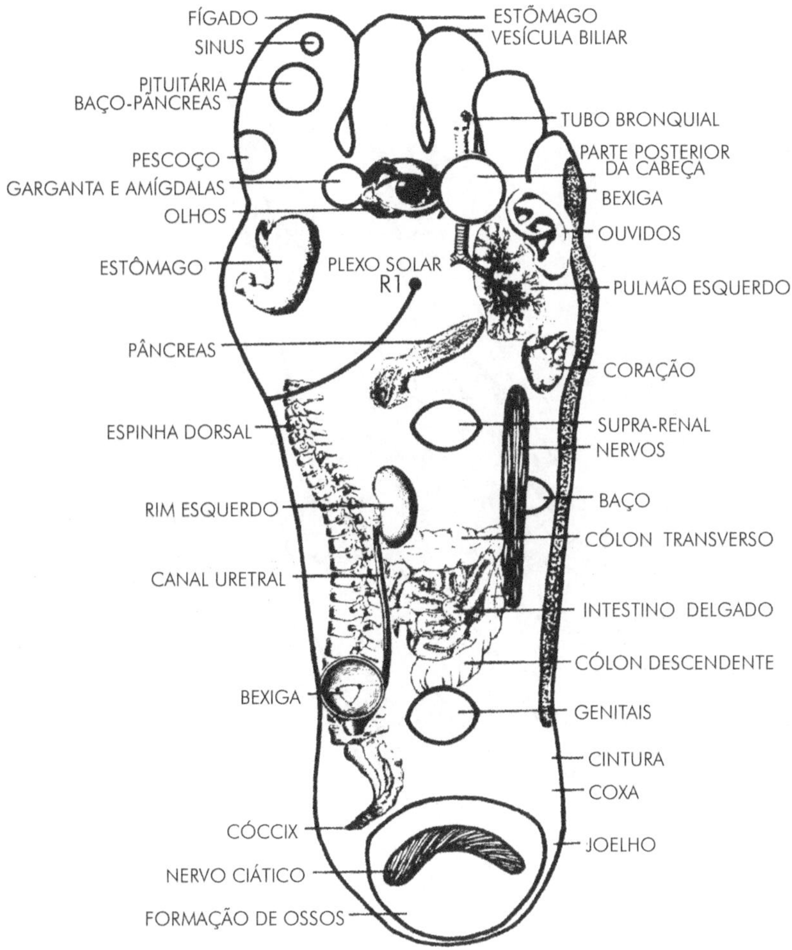

FÍGADO
SINUS
PITUITÁRIA
BAÇO-PÂNCREAS
PESCOÇO
GARGANTA E AMÍGDALAS
OLHOS
ESTÔMAGO
PLEXO SOLAR
R1
PÂNCREAS
ESPINHA DORSAL
RIM ESQUERDO
CANAL URETRAL
BEXIGA
CÓCCIX
NERVO CIÁTICO
FORMAÇÃO DE OSSOS
ESTÔMAGO
VESÍCULA BILIAR
TUBO BRONQUIAL
PARTE POSTERIOR DA CABEÇA
BEXIGA
OUVIDOS
PULMÃO ESQUERDO
CORAÇÃO
SUPRA-RENAL
NERVOS
BAÇO
CÓLON TRANSVERSO
INTESTINO DELGADO
CÓLON DESCENDENTE
GENITAIS
CINTURA
COXA
JOELHO

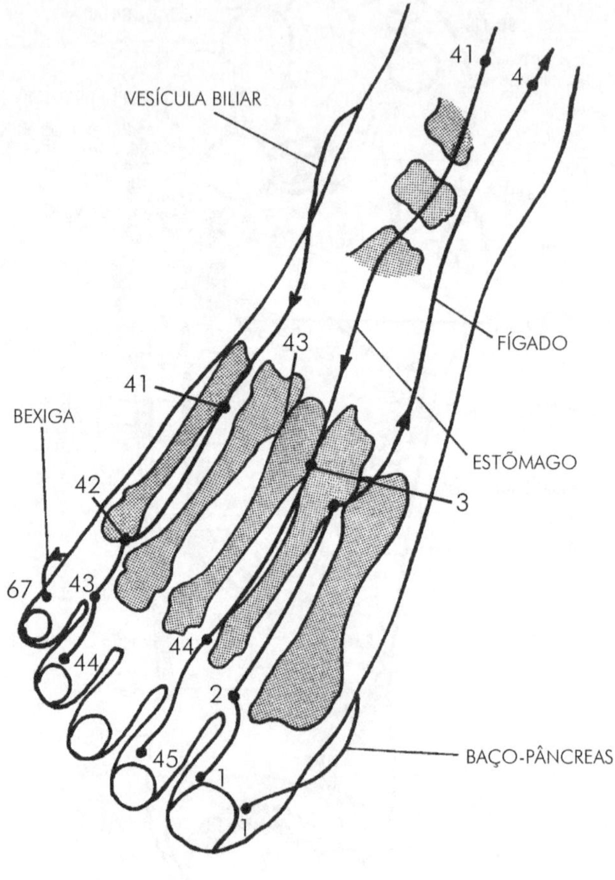
41
4
VESÍCULA BILIAR
FÍGADO
43
41
BEXIGA
ESTÕMAGO
42
3
67
43
44
44
2
45
1
1
BAÇO-PÂNCREAS

30

O osso do calcanhar influencia a regeneração das células ósseas. Bater os calcanhares ritmicamente no chão, em movimentos de bicicleta, ocasiona choques estimuladores.

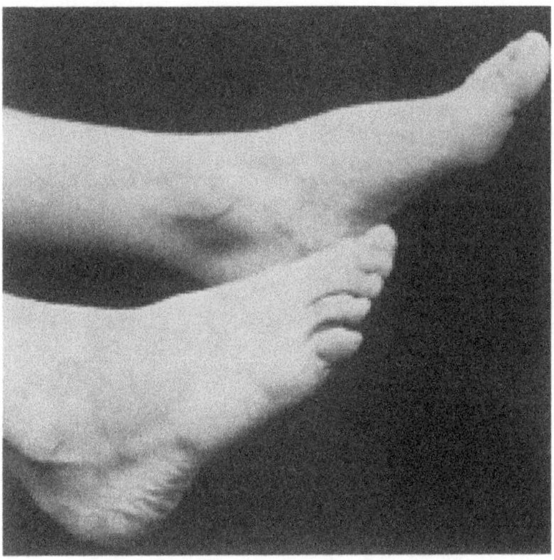

31

Rins, bexiga e glândulas sexuais são estimulados beliscando-se fortemente o tendão de aquiles. Se ocasionar dores, é indicação de mau funcionamento daqueles órgãos.

Para acalmar qualquer dor aguda no corpo, massageie os pontos B60 e 62 (tornozelo externo).

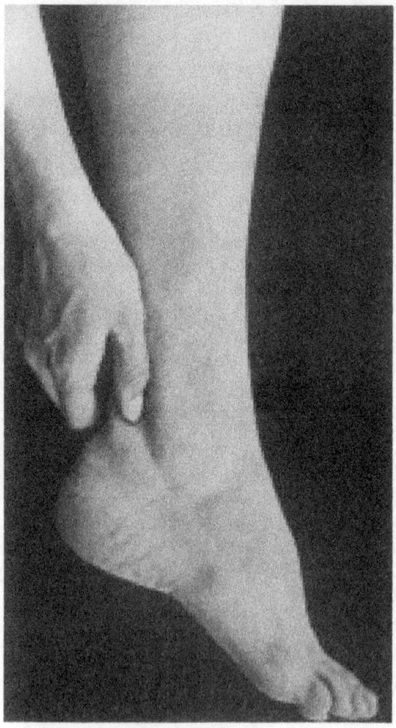

32

Com o calcanhar na palma da mão, penetre os quatro dedos profundamente para ativar o sexo e aliviar dores nos rins e joelhos enrijecidos.

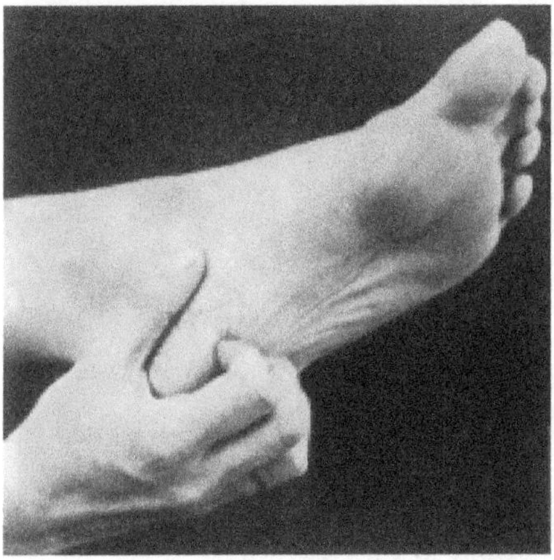

33

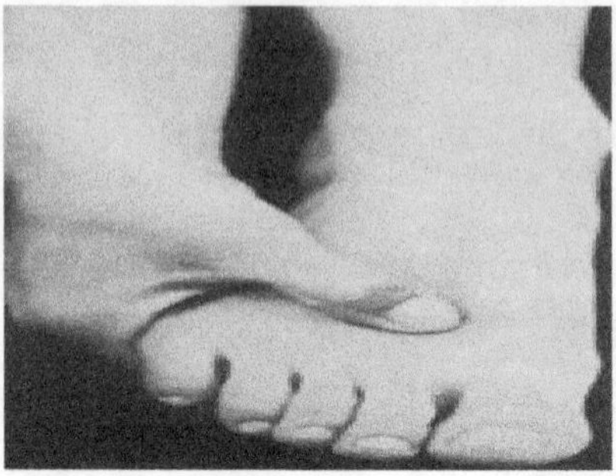

A massagem nas plantas e dedos dos pés é importantíssima dada a quantidade e variedade de pontos aí encontrados.

34

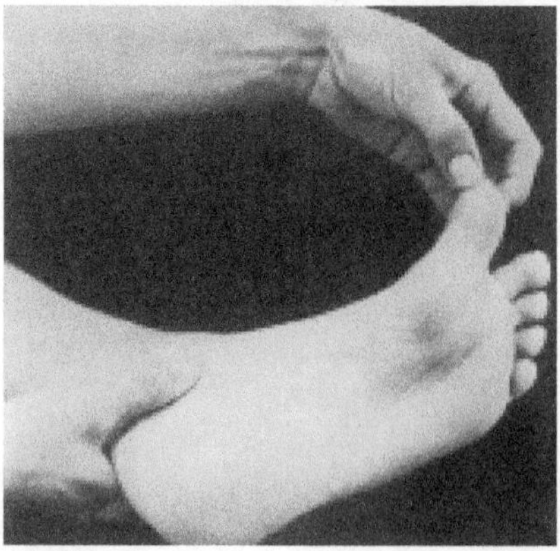

Fígado e baço são ativados apertando-se forte e repetidamente o dedão do pé.

35

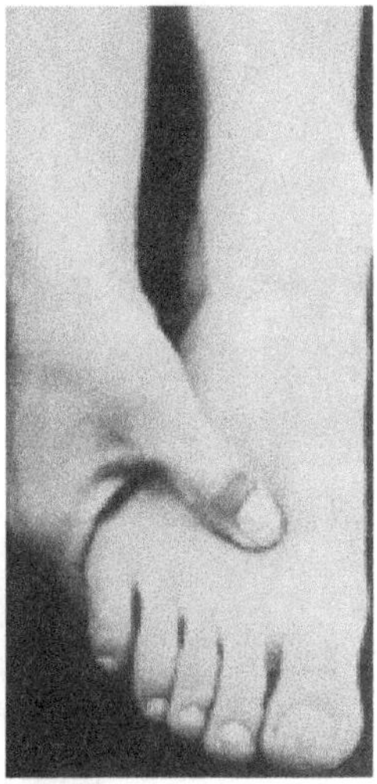

Um ponto importante para o tratamento do fígado (F3) está localizado na parte superior do pé, pouco antes da junção dos dois dedos internos.

36

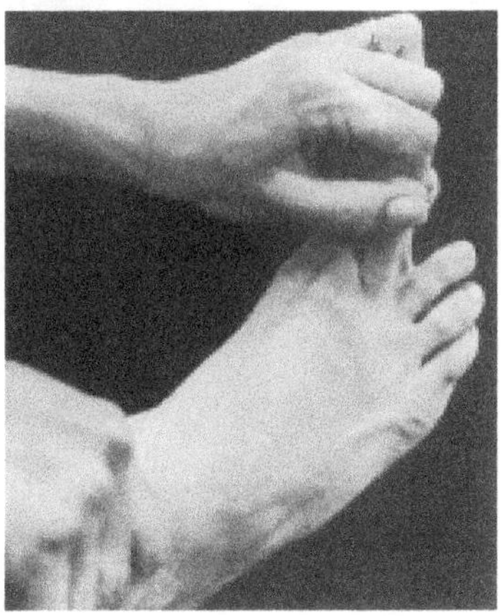

Gire todos os dedos dos pés nas duas direções e puxe-os vigorosamente para ativar os meridianos aí localizados.

37

Pequenos tapas nas solas dos pés estimulam os órgãos do corpo. O mesmo resultado é obtido caminhando descalço sobre pedrinhas sem arestas ou sobre bolinhas de vidro. Esse é um ótimo tratamento para problemas intestinais.

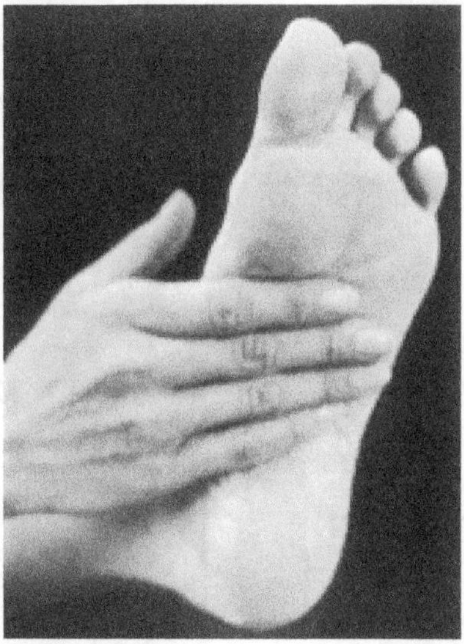

38

Dobre cada dedo do pé para trás fazendo-o chegar o mais próximo possível da parte superior do pé. Essa é outra forma de ativar os Meridianos do Estômago, da Bexiga, do Fígado, do Baço e da Vesícula Biliar.

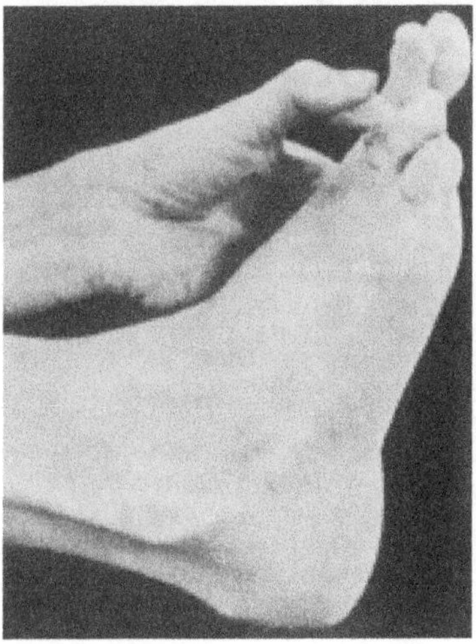

39

Este último exercício é muito útil para estimular todos os meridianos localizados nas extremidades dos membros inferiores ao mesmo tempo.

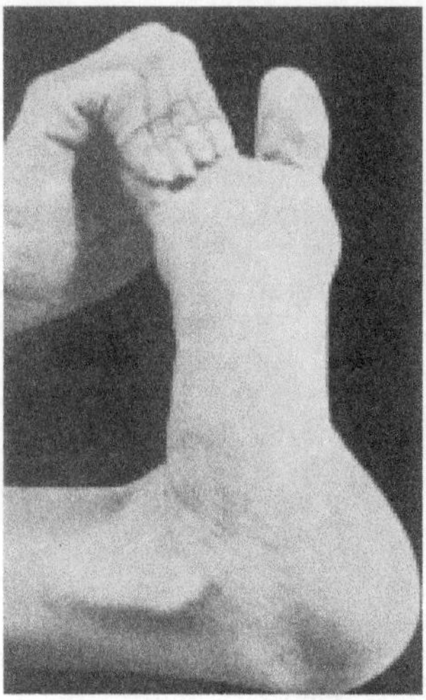

Com o dedo mínimo no ponto B65 e os outros dedos alinhados sob a parte carnosa da sola do pé, segure fortemente e dobre para trás todos os dedos, exceção feita ao maior.

Este exercício, repetido pela manhã e à noite depois de uma ducha fria nos pés, corrige problemas renais, urinários, sexuais e circulatórios, ativando os órgãos correspondentes.

diagnose e tratamento específico

A SÉRIE DE EXERCÍCIOS que apresentamos estimula todos os meridianos e respectivos órgãos, promovendo a livre circulação da energia vital e beneficiando o organismo como um todo. De caráter essencialmente preventivo, a prática do Do-In impede o desenvolvimento da doença e elimina uma gama de sintomas muitas vezes sem causa aparente, característica de distúrbios funcionais.

Quando um órgão se encontra cronicamente afetado, porém, a massagem geral poderá não ser suficiente para remover certos bloqueios energéticos e restaurar definitivamente o equilíbrio. Torna-se importante detetar onde reside o desequilíbrio, o verdadeiro centro do problema, e qual o meridiano e os pontos a serem tratados. O Quadro para Curas Específicas (pp. 76 e 77) orienta a diagnose e o tratamento de doenças através de observações e manipulações mais acuradas e complexas.

Naturalmente a diagnose correta implica um conhecimento profundo do organismo, mas a observação das instruções contidas no Quadro para Curas Específicas, aliada a uma maior intimidade com o próprio corpo decorrente da prática do Do-In nos permitirá conhecer a natureza do problema (excesso ou carência de energia) e o órgão afetado. Neste sentido o Quadro apresenta os Pontos de Alarma usados para o diagnóstico, os Principais Pontos de Tratamento, o horário mais indicado para as massagens (ver também pp. 25 e 26) e as precauções em relação aos alimentos e atividades a serem tomadas para uma cura rápida e eficaz. Aqui, a diagnose correta torna-se extremamente importante.

A DIAGNOSE

A autodiagnose deve ser efetuada antes de se levantar da cama, em jejum, deitado de costas, com o corpo relaxado e livre de tensões. Refresque as mãos, levantando-as acima do corpo.

Para o diagnóstico em outra pessoa, o examinador deve ter as mãos à temperatura normal e estar em melhores condições de saúde e equilíbrio que o paciente.

Os Pontos de Alarma, nem sempre localizados sobre o próprio meridiano, têm como característica tornarem-se sensíveis à pressão ou espontaneamente dolorosos, no caso de afecção do órgão interno correspondente. Numa pessoa com boa saúde, a superfície dessas regiões é ligeiramente úmida, tem boa tonalidade e mantém-se firme e elástica quando pressionada. Quando um Ponto de Alarma é sentido com a ponta do dedo médio, qualquer sensação dolorosa indica que o órgão respectivo está em desequilíbrio. Resta então verificar se há excesso ou deficiência de energia e proceder ao tratamento adequado.

Os termos "deficiência" e "excesso" significam hipo e hiperatividade, e os sintomas específicos de cada órgão são indicados nas colunas 5 e 6 do Quadro para Curas Específicas. Informações adicionais para o diagnóstico são freqüentemente fornecidas pela condição geral do organismo. De uma maneira geral os sinais característicos são:

Excesso de "Ki": dor, espasmo, quentura, contração, hipertensão, hipersecreção, inflamação, convulsão, hipertonicidade da pele e hiperatividade.

Deficiência de "Ki": frio, flacidez, hipoestesia, hipotensão, suor frio, inchação, paralisia, hipotonicidade da pele, torpor e inatividade.

O TRATAMENTO

Quando um meridiano apresenta excesso de "Ki" deve-se dispersar a energia concentrada obtendo-se assim a sedação do órgão afetado. O processo inverso aumenta o volume energético do meridiano e ativa o órgão deficiente pela tonificação.

QUADRO PARA CURAS ESPECÍFICAS

NOME DO MERIDIANO [1]	HORÁRIO DE MAIOR CICLO DE ENERGIA [2]	PERCURSO E DIREÇÃO DO MERIDIANO [3]	PONTOS DE ALARMA [4]	DEFICIÊNCIA DE ENERGIA [5]	EXCESSO DE ENERGIA [6]	PRINCIPAIS PONTOS DE TRATAMENTO [7]
PULMÕES (P)	das 3 às 5	Começa no tórax, sobe até a axila e desce pelo lado interno do braço para terminar na ponta do polegar.	P1 P6	Tosse leve, arrepios.	Peito congestionado, capacidade pulmonar reduzida, tosse forte e dolorosa, catarro.	P5 **P8** P9
INTESTINO GROSSO (IG)	das 5 às 7	Inicia na ponta do indicador, sobe pelo lado externo do braço passando sobre o ombro e termina nos lados do nariz.	E25 IG4	Dores e enrijecimento nos ombros e braços, tonteiras e em certos casos prisão de ventre.	Lábios secos e quebradiços, ruídos no tubo digestivo e em certos casos prisão de ventre.	IG1; IG2 IG11 IG4
ESTÔMAGO (E)	das 7 às 9	Começa abaixo do olho, contorna a maçã do rosto, sobe pela linha do maxilar até à região acima da sobrancelha desce pelo pescoço, tórax, abdome e percorre todo lado externo da perna até o segundo dedo do pé.	VC12	Falta de apetite, pernas fracas, incapacidade de caminhar.	Gula, corpo febril, dores na parte externa das pernas.	E36 E41 E45
BAÇO-PÂNCREAS (BP)	das 9 às 11	Começa no dedão do pé, sobe pelo lado interno da perna passando pelo tronco até à clavícula e terminando logo abaixo da axila.	F13 BP9	Avidez por doces, memória fraca, sonolência, gases no estômago e intestino, pernas insensíveis.	Apetite inconstante, corpo pesado e lasso, desejo freqüente de repouso.	BP2 **BP3** BP5
CORAÇÃO (C)	das 11 às 13	Começa abaixo da axila, desce pelo lado interno do braço e termina na extermidade interna do dedo mínimo.	VC14	Depressão ou ansiedade, incapacidade de tomar decisões.	Mesmos sintomas de "deficiência" acompanhados de dores no peito, boca seca e, em certos casos, febre.	C7 **C8** C9
INTESTINO DELGADO (ID)	das 13 às 15	Começa na extremidade do dedo mínimo, sobe pelo lado externo do braço, região posterior do ombro, pescoço até à maçã do rosto e termina próximo à orelha.	VC4	Dores nas têmporas, nos lados do pescoço, nos ombros e braços.	Dores em volta das orelhas ou em um só lado da cabeça, zumbido nos ouvidos.	ID3 ID5 ID8
BEXIGA (B)	das 15 às 17	Começa no canto interno do olho, sobe pelo topo da cabeça, descendo pela nuca e espinha dorsal até o ânus. Volta à nuca	VC3	Micção freqüente e em pequenas quantidades, dores na coluna vertebral.	Dores nas pernas e na linha da cintura.	B65 B66 B67

		e percorre toda a extensão das costas ao lado da espinha, atravessa as nádegas, perna, tendão de aquiles, indo terminar no dedo mínimo do pé.				
RINS (R)	das 17 às 19	Começa na sola do pé, contorna o lado interno do calcanhar, segue pela perna até os órgãos sexuais, centro do abdome até à clavícula.	R7 VB25	Falta de apetite sexual, fraca determinação, impaciência, timidez, tensão na nuca, pés frios, zumbido nos ouvidos.	Energia anormalmente intensa, não consegue parar de trabalhar, zumbido nos ouvidos, urina escura.	R1 R7 **R10**
CIRCULAÇÃO-SEXO (CS)	das 19 às 21	Começa perto do mamilo, percorre a parte interna do braço até à palma da mão e termina na extremidade interna da unha do dedo médio.	VC17 CS1	Sono agitado cheio de sonhos, cabeça pesada, respiração curta, vertigem, diarréia.	Cabeça pesada, dor de cabeça, dor de estômago, sono leve com sonhos, cabeça febril.	CS7 CS8 CS9
TRIPLO AQUECEDOR (TA)	das 21 às 23	Começa na ponta do dedo anular sobe pelo lado externo do braço, passa sobre o ombro, lado do pescoço, contorna a orelha, passa pelas têmporas e termina na extremidade externa da sobrancelha.	VC5 TA4	Dores nas têmporas, sensação geral de frio e debilidade.	Má audição, dores nos membros superiores, orelhas e ombros.	**TA3** **TA6** **TA10**
VESÍCULA-BILIAR (VS)	das 23 à 1	Começa no canto externo do olho até o mastóide, desce pela parte anterior do crânio, nuca, ombros, tórax, abdome, osso da bacia, lado externo da perna até à extremidade do 4° dedo do pé.	VB23	Pouca ou nenhuma energia, arrepios, dificuldade em respirar, fraqueza ao andar.	Sensação de estômago cheio, cabeça pesada, dores e cólicas nos lados do corpo.	VB34 VB43 VB41
FÍGADO (F)	da 1 às 3	Começa no canto interno do dedão, segue pela região superior do pé, parte interna da perna e coxa perto dos órgãos sexuais, dirigindo-se para a região lateral da cintura e termina na caixa torácica, abaixo do mamilo.	F14 F8	Bambeza, falta de controle nas pernas, tonteira, olhos cansando-se com facilidade, temperamento agressivo.	Vontade de chorar, irritação, excitação, não consegue parar de trabalhar até todo o serviço terminar.	**F1** F2 **F8** F3

Das diversas técnicas utilizadas na massagem chinesa para tonificar ou sedar um meridiano, o processo mais simples e eficaz consiste em:

I — Em caso de DEFICIÊNCIA a tonificação do ponto será provocada através de pressões superficiais e repetidas com o dedo médio, em intervalos de um segundo, durante um a cinco minutos.

II — Em caso de EXCESSO obtém-se a sedação pressionando o ponto profunda e continuamente com a polpa do polegar, ou massageando-o lenta e profundamente no sentido anti-horário, de um a cinco minutos.

PRINCIPAIS PONTOS DE TRATAMENTO

Se o tempo permitir trate todo o meridiano, seguindo seu percurso e direção, ou os três pontos indicados na coluna 7. É importante notar que esses pontos principais estão localizados nas extremidades dos braços e das pernas, regiões onde os meridianos se interligam e a energia troca sua popularidade. Como o fluxo da força vital é mantido pela interação dos seus componentes opostos Yin-Yang, negativo-positivo, é nessas áreas compreendidas entre o cotovelo e os dedos da mão e entre o joelho e os dedos do pé que a circulação do "Ki" é mais facilmente intensificada pelos estímulos do Do-In.

pontos de primeiros socorros

O TRATAMENTO CONSISTE em estimular cada ponto indicado de um a cinco minutos. Com excessão dos pontos que pertencem aos dois meridianos ímpares — Sistema Nervoso e Vaso da Concepção — todos os demais pontos são pares e simétricos, ou seja, reproduzem-se nos dois lados do corpo, devendo portanto ser tratados simultaneamente com ambas as mãos. Quando isto não for possível deve-se tratar um lado do corpo e o outro lado imediatamente após, de um a cinco minutos cada lado.

Sempre que houver mais de uma indicação para um mesmo sintoma (ex.: ASMA— VC22; P1; VC17) o praticante poderá optar pelo ponto que produzir melhor resultado, ou, em caso de necessidade tratar toda a série.

Cumpre distinguir, entretanto, duas formas de tratamento com objetivos diametralmente opostos: a SEDAÇÃO e a TONIFICAÇÃO (pp. 81 a 83).

I — SEDAÇÃO: pressão profunda e contínua com a polpa ou unha do polegar de um a cinco minutos.

II — TONIFICAÇÃO: pressões leves e repetidas com a ponta os dedos, de um a cinco minutos.

O tratamento poderá ser repetido sempre que o problema se manifestar. É importante ressaltar, porém, que a reincidência freqüente de um distúrbio é uma indicação segura de que a verdadeira causa não foi eliminada. Resultados definitivos serão conseguidos através da prática diária dos exercícios preventivos do Do-In, aliada a uma alimentação natural — isenta tanto quanto possível de substâncias tóxicas e aditivos químicos, fatores principais de qualquer desequilíbrio orgânico.

Por questões gráficas este livro apresenta apenas a localização dos pontos mais utilizados. Para a identificação anatômica precisa de todos os pontos dos meridianos chineses consulte o mapa "Rios de Chi", da editora Ground.

NOTA: Os sintomas e pontos de tratamento indicados neste capítulo aparecem em destaque e detalhadamente ilustrados no livro "Do-In, Livro dos Primeiros Socorros" (vol. I), ed. Ground.

ANSIEDADE — C7 (Sedação).
AFOGAMENTO (para reanimar) — SN4 (Tonificação: percurtir repetidamente com a base da mão).
ANGINA AGUDA — P11; P1 (Sedação).
ARRITMIA — C9 (Sedação ou Tonificação: beliscar a ponta do dedo mínimo ritmadamente).
ASMA — VC22; P1 (Sedação), VC17 (Tonificação).
ATAQUE CARDÍACO ou CEREBRAL (para reanimar) — SN4 (Tonificação: percurtir repetidamente com a base da mão, deslizando para cima).
BRONQUITE — P11, P5, B12 (Sedação).
CÃIMBRAS MUSCULARES — F3, VB40 (Tonificação).
CIÁTICA — VB30, B54 (Sedação).
CIRCULAÇÃO DEFICIENTE — CS8 (Sedação), CS4 (Tonificação).
CISTITE — VC3, BP6 (Sedação).
COLAPSO (prostração intensa e repentina) — P9 (Tonificação).
COLAPSO CARDÍACO — C9 (Tonificação: beliscar repetidamente a ponta do dedo mínimo).
CÓLICA E ESPASMOS (em geral) — F3 (Sedação);
intestinais — F3 e BP9 (Sedação);
da vesícula biliar — VB24 e VB38 (Sedação);
renais — F3, VB38, VB25 (Sedação);
do estômago — E36, CS6 (Sedação).
CONVULSÕES (do tipo epilético) — SN11, SN13, ID13 (Sedação);
infantis — lóbulo da orelha (Sedação: apertar com o polegar e o indicador).
CONGESTÃO NASAL — IG20, P11, IG4 (Sedação).
COLUNA (dores) — SN3 (Sedação).
DEPRESSÃO PSÍQUICA — E36 (Tonificação).
DESMAIO — SN26, R1 (Tonificação).
DIARRÉIA — E36 (Tonificação).
DORES (em geral) — B60, B62 (Sedação);
no joelho — E35, VB34 (Sedação);
na nuca — VB20 (Sedação);
musculares — VB34, F3, VB40 (Sedação).
DOR DE CABEÇA — VB20, IG4, P7 (Sedação).
DOR DE DENTE — IG1, IG4, B62 (Sedação).
DOR DE GARGANTA — IG4, P11 (Sedação).

DOR DE OUVIDO — IG4 (Sedação).
EJACULAÇÃO PRECOCE — Tonificação: pressionar com o polegar e o indicador a ponta do pênis, ereto, antes do orgasmo).
DIFICULDADES DO PARTO — BP6, B67, TA5 (Sedação).
ESGOTAMENTO (físico, nervoso e mental) — E36, TA3 (Tonificação).
ESTRITURA AGUDA (dolorosa retenção de urina) — BP9, F3 (Sedação).
ENXAQUECA — VB20 (Sedação).
FERIMENTOS, CORTES — TA15, P11 (Sedação).
FRATURAS, LUXAÇÕES — VB30, B62 (Sedação).
FRIGIDEZ — E36, CS8, BP16 (Tonificação).
GASTRITE — VC12, E21 (Sedação).
GENITAIS (irregularidades) — BP6, BP9, CS8 (Tonificação; em caso de infecção. Sedação).
GARGANTA (qualquer infecção) — P11 (Sedação).
FÍGADO — F8 (Tonificação).
HEMORRAGIA (em geral) — CS3 (Sedação);
nasal — IG4, CS3 (Sedação);
uterina — BP6, CS3, F3 (Sedação).
IMPOTÊNCIA — VC4, BP6, E36 (Tonificação).
INDIGESTÃO — E45 (Sedação), F8 (Tonificação).
INSOLAÇÃO — SN26, R1, VC6, VC12, VC15 (Sedação).
INSÔNIA — F3, C7, VB20, IG4, BP6 (Sedação).
MEMÓRIA (perda de) — SN19 (Tonificação).
MENSTRUAÇÃO (dores e irregularidades) — BP6 e BP8 (Sedação);
atrasada — BP6 (Tonificação);
muito freqüente — R2, BP6 (Sedação).
METEORISMO (gazes) — R14 (Sedação).
NÁUSEA — F3, E45 (Sedação).
NERVOSISMO — C7 (Sedação).
NEVRALGIA — B60, B62, E3, E6, E7, SN26 (Sedação).
OTITE — ID19 (Sedação).
OVÁRIOS — R11, BP6 (Sedação).
PARALISIA — P7 (Tonificação).
PERSPIRAÇÃO EXCESSIVA — centro da palma da mão (Sedação).
PIORRÉIA — P11, IG4 (Sedação).
PRESSÃO ALTA — E9, R1, C7 (Sedação).
PRESSÃO BAIXA — C1, C7 (Tonificação).

PRISÃO DE VENTRE — IG2, IG4 (Sedação).
PROBLEMAS RESPIRATÓRIOS — P1, VB23, VC22, VC17 (Tonificação).
PICADAS (de insetos) — B65 (S edação);
de cobra — B31, R6 (Sedação).
RESFRIADOS (no início) — P11, IG4 (Sedação);
com tosse — VC22 (Sedação);
com febre — IG11 (Sedação);
para aumentar a temperatura — TA15 (Tonificação).
QUEIMADURAS (para aliviar a dor) — B65 (Sedação).
RESSACA — E45 (Sedação).
RETENSÃO DE LÍQUIDOS — VB34 (Sedação).
REUMATISMO — (Sedação: massagear profunda e lentamente cada ponto por 20 minutos);
nos ombros — B11, ID12, IG15, TA11;
nos braços — IG14;
nos cotovelos — IG11, P5;
nos quadris — VB30;
nas coxas — VB31;
nos joelhos — VB34, B53, E34, E35;
nas pernas — B57, BP6;
nas costas — SN9, SN13;
na região lombar — B25, B47;
dores não localizadas — IG11, B54.
RINS (distúrbios) — BP6 (Sedação).
SÍNCOPE — SN26 (Tonificação).
SINUSITE — IG20, IG4 (Sedação).
SURDEZ — ID19 (Tonificação).
TENSÃO — VB21 (Sedação).
TÉTANO (para prevenir) — P11 (Sedação).
TOSSE — VC22, B12 (Sedação).
TAQUICARDIA — C9 (beliscar repetidamente os lados da unha do dedo mínimo, no ritmo normal do coração).
VARIZES (dores) — BP5 (Sedação).
VERTIGEM — CS6, VB20, E36, BP6 (Sedação).
VONTADE, DETERMINAÇÃO (falta de) — VC6.

A DOENÇA DO "KI"

Qualquer doença, física ou mental, indica uma estagnação de "Ki" no organismo. Um congestionamento energético ao longo dos meridianos é o primeiro estágio do desenvolvimento da doença. Freqüentemente, porém, esse desequilíbrio é demasiado sutil para ser observado por um exame médico, e dessa forma um grande número de pacientes é vagamente classificado como portador de "distúrbios neurovegetativos" ou "distúrbios funcionais".

Esses estados pré-clínicos são o primeiro toque de alarma da energia vital que se encontra perturbada: "a doença do 'Ki'". Uma série de sintomas subjetivos como sonolência, perturbação mental, dores no corpo sem causa aparente, desconforto constante na garganta quando não existe qualquer problema visível, e todas as doenças do sistema nervoso são manifestações da doença do "Ki". A medicina oriental considera doente uma pessoa que se diz doente, mesmo que não existam sintomas observáveis — na menor das hipóteses existe um distúrbio mental (doença do "Ki").

A técnica da medicina preventiva consiste em ativar os meridianos e restabelecer o fluxo energético antes de aparecerem sintomas de lesão orgânica. Como tratamento complementar a doença do "Ki" pode ser tratada com alimentos de cheiro forte como gengibre, cebola, alho, pimenta etc. Em alguns casos é necessário apenas cheirar esses alimentos para que o distúrbio desapareça. A circulação harmoniosa do "Ki" é restaurada graças à propriedade que esses alimentos têm de estimular o organismo.

Algumas vezes o reequilíbrio pode ser alcançado simples e rapidamente. Outras vezes a doença do "Ki" demonstra ser muito difícil de curar, como nos casos de desordem mental.

OS MERIDIANOS

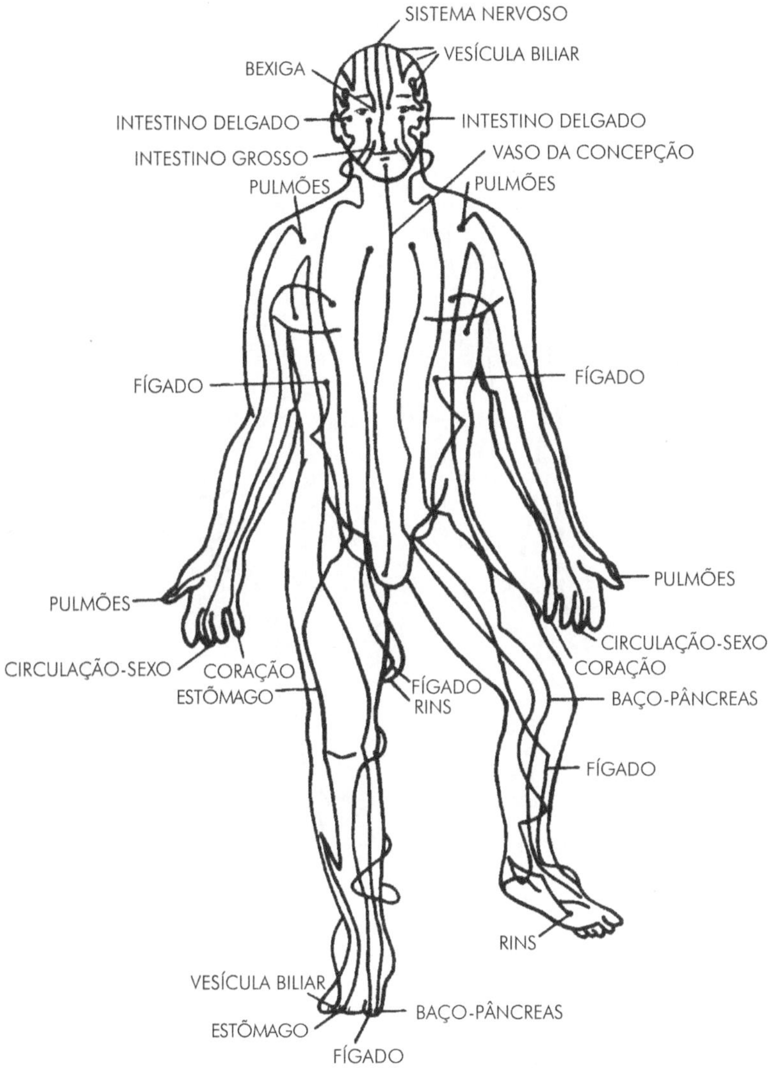

1 — MERIDIANO DO PULMÃO

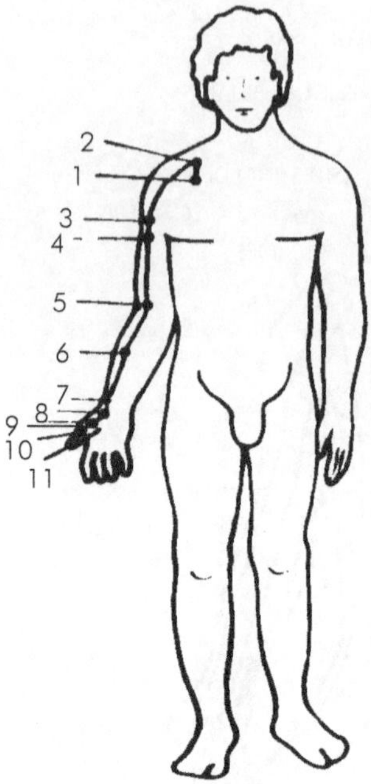

2 — MERIDIANO DO
INTESTINO GROSSO

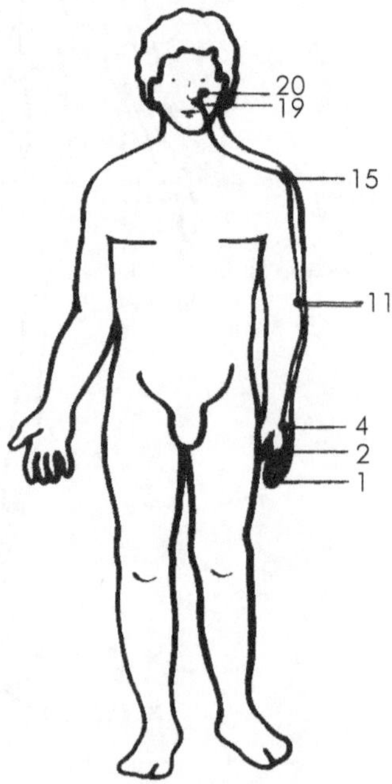

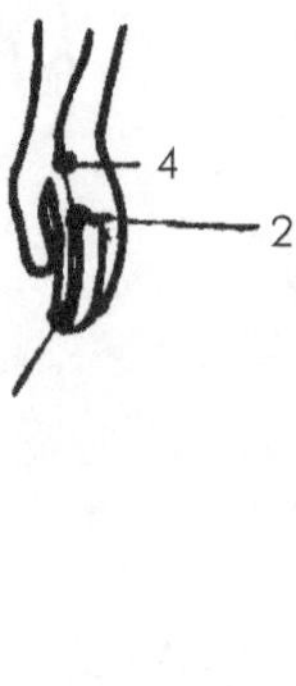

3 — MERIDIANO DO ESTÔMAGO

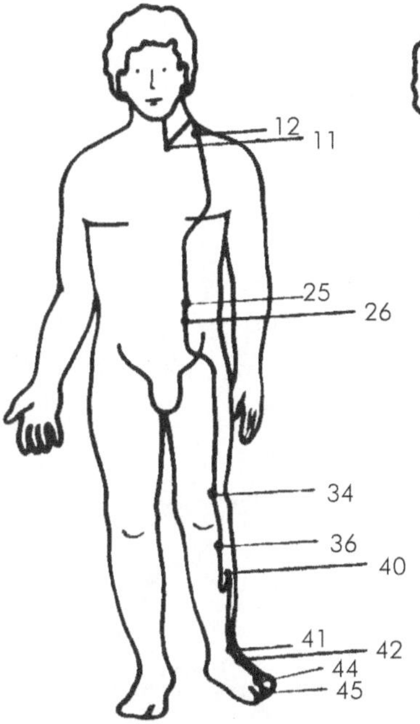

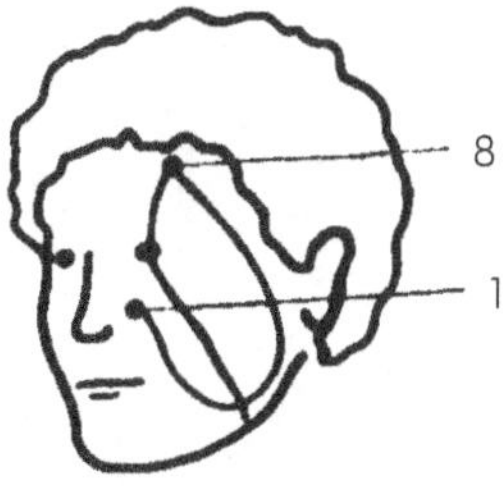

4 — MERIDIANO DO BAÇO-PÂNCREAS

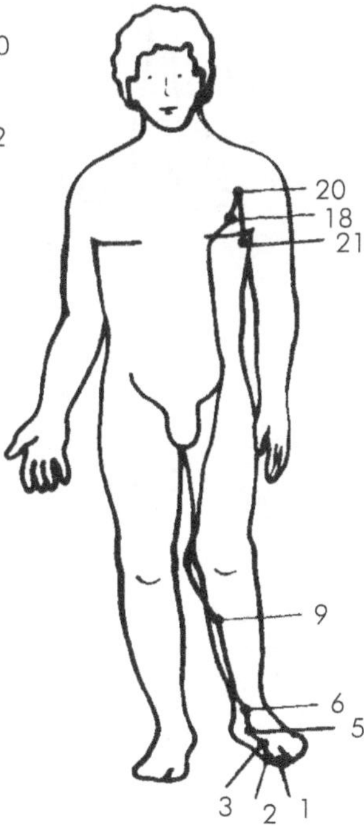

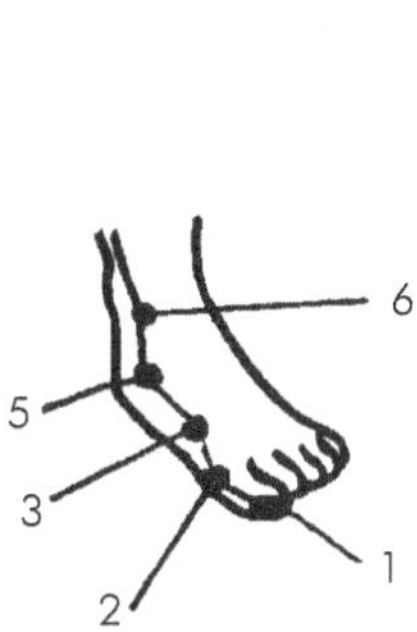

5 — MERIDIANO DO CORAÇÃO

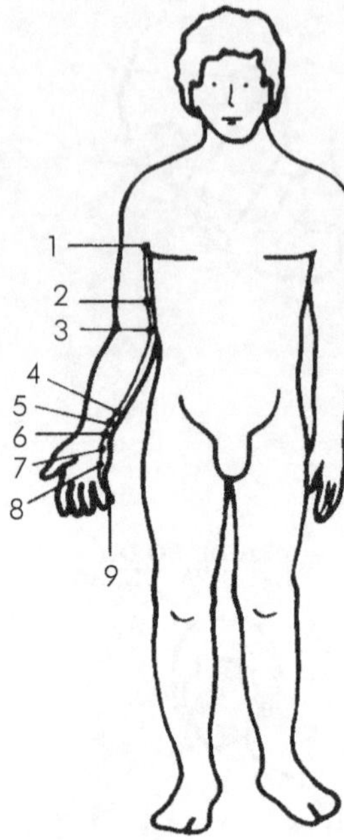

6 — MERIDIANO DO
INTESTINO DELGADO

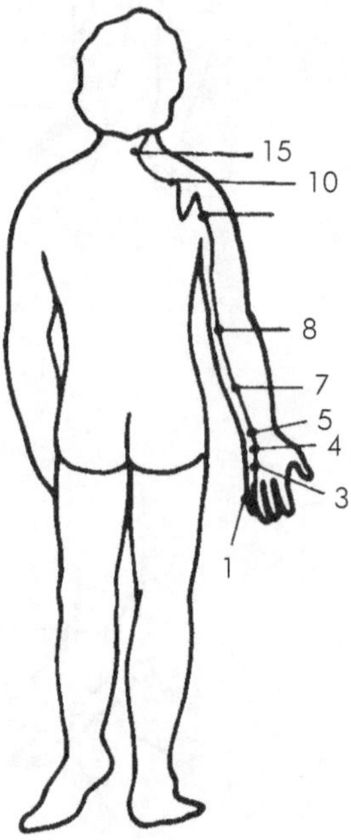

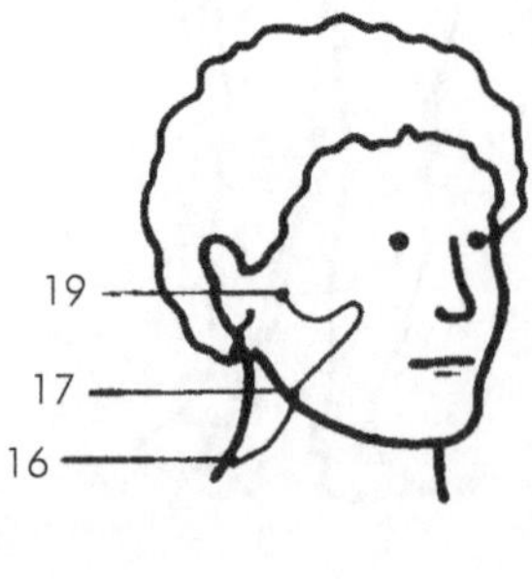

7 — MERIDIANO DA BEXIGA

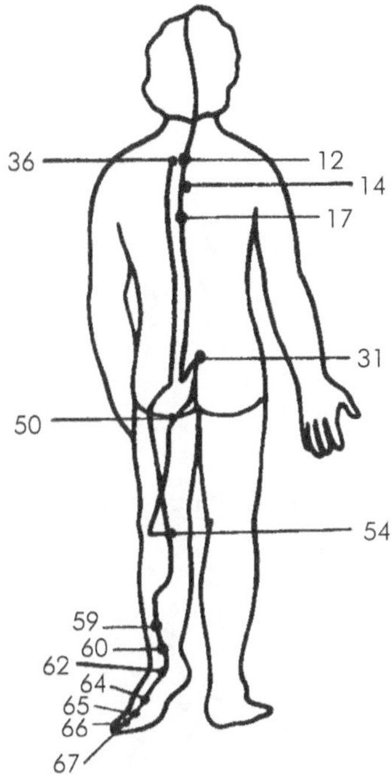

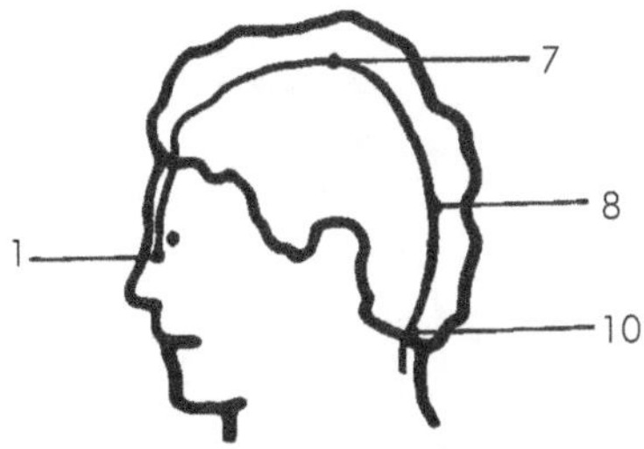

8 — MERIDIANO DOS RINS

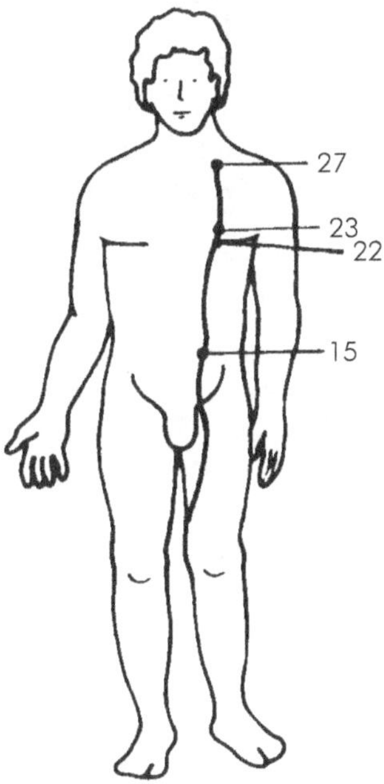

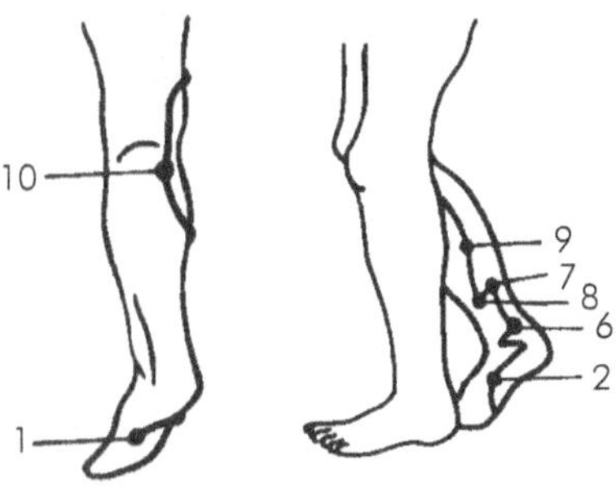

9 — MERIDIANO DA CIRCULAÇÃO-SEXO

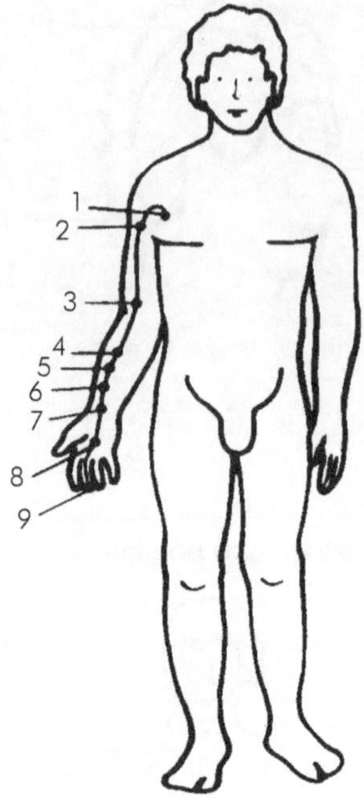

10 — MERIDIANO DO TRIPLO AQUECEDOR

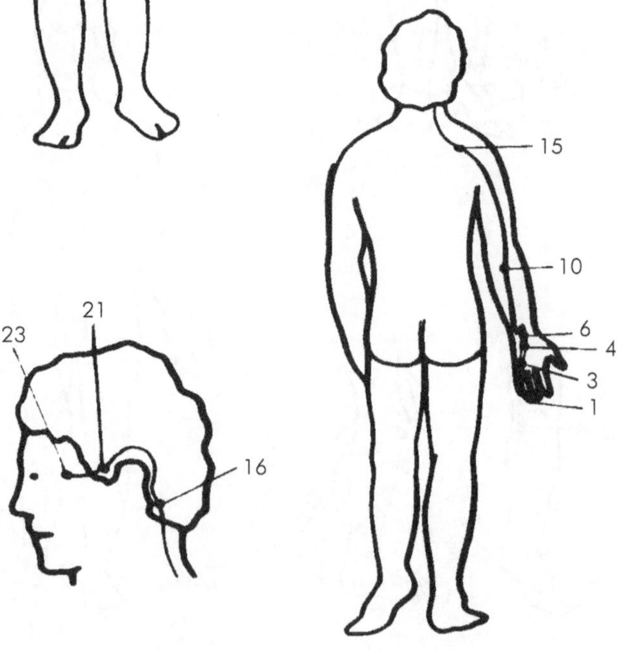

11 — MERIDIANO DA VESíCULA BILIAR

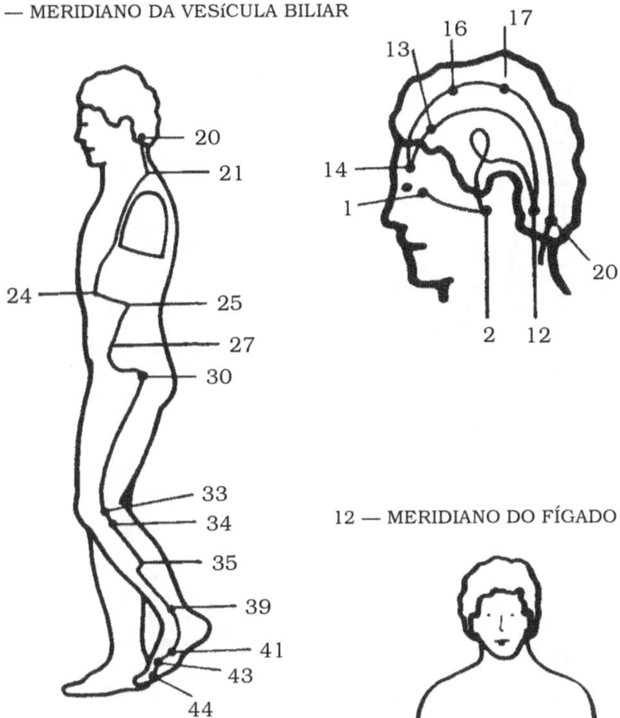

12 — MERIDIANO DO FÍGADO

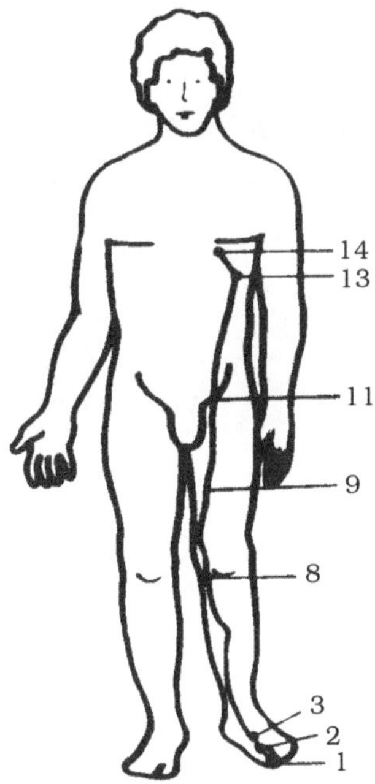

13 — MERIDIANO DO SISTEMA NERVOSO

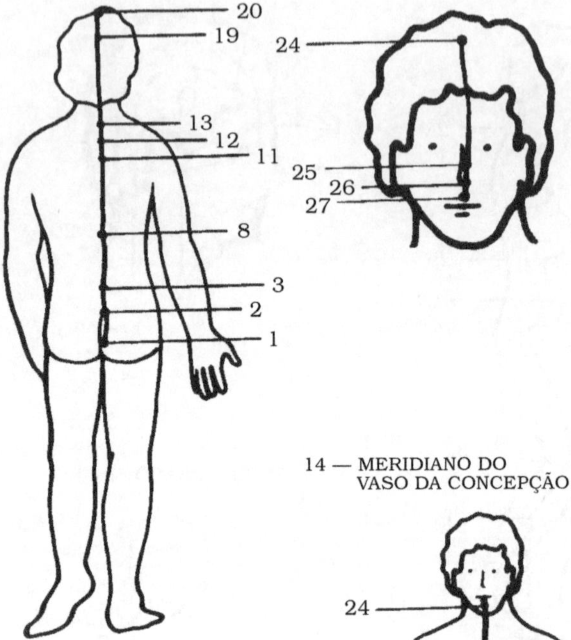

14 — MERIDIANO DO VASO DA CONCEPÇÃO

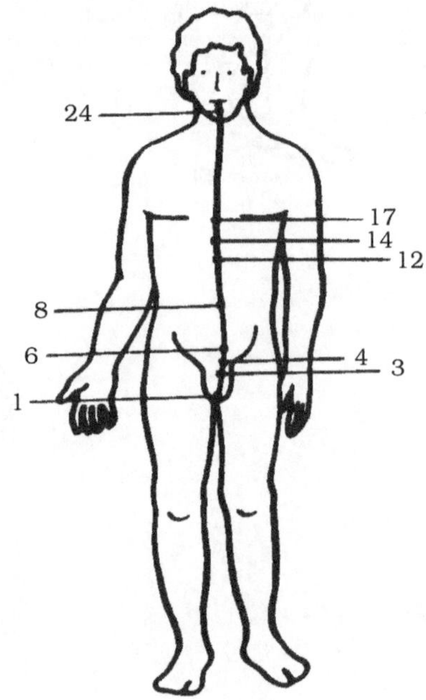

últimas palavras

A PRÁTICA DO DO-IN não requer, em princípio, nenhuma filosofia de vida ou dieta especiais. Seu resultado é sentido pouco depois do início de sua utilização. A massagem correta nos pontos específicos é capaz de aliviar dores violentas ou paralisar doenças e males de caráter crônico.

Evidentemente os resultados serão mais eficazes e permanentes nas pessoas que tomam um cuidado maior com seu corpo, como tentar levar uma vida de acordo com as leis da natureza, evitar alimentos quimicamente poluídos ou em excesso. É importante lembrar que na Macrobiótica considera-se o Do-In como complemento de sua dieta, por ambos serem fundamentados nos mesmos princípios. O uso imprudente e desordenado de remédios certamente prejudica os bons resultados de qualquer processo natural.

Aliás, tendo o Do-In como objetivo específico reconduzir ao órgão suas potencialidades naturais afetadas pelo uso e práticas artificiais, seria um contra-senso conjugar seu uso ao consumo de produtos cujo efeito é justamente o oposto do que ele propõe. Assim, se aos inúmeros benefícios imediatos trazidos pelo Do-In, acrescentar uma reeducação alimentar sua prática fatalmente produzirá efeito.

A prática pode ser complementada com métodos para-lelos de alimentação natural, renovação constante de energia física e meditação bem orientada.

Este livro é mais do que uma obra de informação. É uma seta no caminho da auto-suficiência, do autoconhecimento e do desenvolvimento pessoal.

LEIA DA EDITORA GROUND

MAPA – RIOS DE QI

MAPEAMENTO CHINÊS DOS VASOS E MERIDIANOS REGULARES
(CONTÉM MAPA TRADICIONAL, VERSÃO ATUALIZADA, E 2 PRANCHAS PORTÁTEIS)
Juracy Cançado

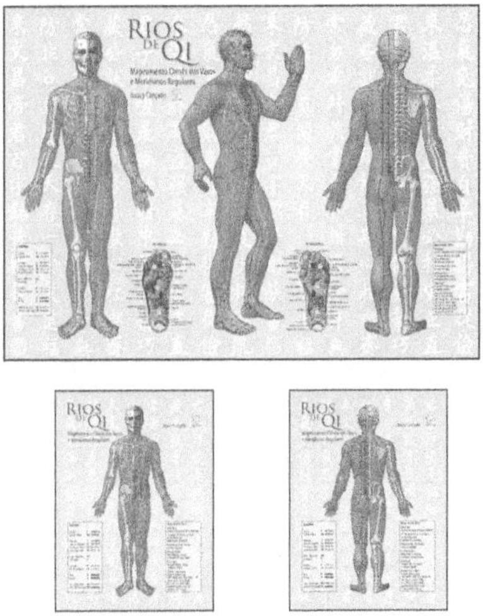

Neste Guia, o mapeamento dos meridianos com a localização anatômica dos pontos e canais condutores da energia vital do corpo humano é encontrado em duas versões: **Mapa – Rios de Qi**, versão reformulada do tradicional mapa de DO-IN, e 2 pranchas portáteis para facilitar o uso e o estudo.

DO-IN PARA CRIANÇAS

Juracy Cançado

Ilustrado com inúmeras fotos e desenhos, esta obra informa minuciosamente sobre os pontos energéticos chineses desde a gestação até a fase escolar. São abordados todos os pontos de autotratamento que as próprias crianças podem praticar assim como o melhor momento para a iniciação.